U0507109

Study on the Supply of Public Goods with Spillovers among Regions
—Based on the Environmental Governance

地区间外溢性公共品供给研究

——以环境治理为例

王雯 著

中国财经出版传媒集团

经济科学出版社

Economic Science Press

图书在版编目（CIP）数据

地区间外溢性公共品供给研究：以环境治理为例/
王雯著. —北京：经济科学出版社，2017.8

ISBN 978 - 7 - 5141 - 8270 - 5

Ⅰ.①地… Ⅱ.①王… Ⅲ.①公共物品 - 供给制 -
研究 - 中国 Ⅳ.①F20

中国版本图书馆 CIP 数据核字（2017）第 180905 号

责任编辑：周国强
责任校对：杨 海
责任印制：邱 天

地区间外溢性公共品供给研究
——以环境治理为例

王 雯 著

经济科学出版社出版、发行 新华书店经销
社址：北京市海淀区阜成路甲 28 号 邮编：100142
总编部电话：010 - 88191217 发行部电话：010 - 88191522
网址：www. esp. com. cn
电子邮件：esp@ esp. com. cn
天猫网店：经济科学出版社旗舰店
网址：http://jjkxcbs. tmall. com
北京密兴印刷有限公司印装
710 × 1000 16 开 11.75 印张 200000 字
2017 年 9 月第 1 版 2017 年 9 月第 1 次印刷
ISBN 978 - 7 - 5141 - 8270 - 5 定价：56.00 元

前　　言

　　1994 年分税制改革以来，我国财政收入集中度和财政支出分权度同步上升，政治集权式的政府治理体制与行政性分权、经济性分权并存，逐渐形成了中国式财政分权体制。在这种特殊的财政分权体制运行多年后，地方政府不断萎缩的财权与扩大的经济自主权之间的矛盾日益加剧，导致我国中央和地方事权与支出责任不适应、财力与事权不匹配的现象不断恶化，从而进一步强化了地方政府在分税制体制外另辟渠道追求财政收入最大化的行为取向。尤其是近十年，传统粗放型经济增长方式巨大的成本与代价逐渐显现，部分地区出现"拿环境换经济"的扭曲行为，生态环境沦为了地方政府实现局部利益最大化的牺牲品。地方政府这种以局部环境质量为目标的治污模式，不仅抑制了环境治理在地区之间的溢出效应和规模效应，甚至强化了环境污染的"邻避效应"，一定程度上加快了生态环境的整体恶化，降低了环境治理的整体效率。同时，经济发展外延空间不断扩张，物流交通与信息技术更新换代，各辖区之间的地理空间交互作用越发明显，地方公共品的外溢性日益突出，并且随着环境污染区域传输特征的逐渐强化，一国或一个区域范围内的环境治理已从纯粹的地方公共品转变为地区间外溢性公共品。

　　然而，在当前条块分割的行政辖区背景下，受制于中央绩效考核和地方官员竞争的双重压力，各级地方政府的关注点容易仅仅局限于本辖区内公共品问题，而对跨辖区环境公共品的提供则很难进入地方决策视野，加之外溢性公共品在相关联辖区间的供给职责不明晰，且其收益的外溢性可能反而有利于"竞争对手"地区，这种责任与收益的不对等进一步强化了地方政府的

"搭便车"动机和狭隘的竞争观，因此，对于类似地区之间环境治理这样的外溢性公共品供给，各地方政府更容易产生严重的卸责与推诿倾向。在这样的背景下，对环境保护这类典型外溢性公共品供给机制的深入研究，不仅可以缓解我国经济高速增长与公共品供给不足之间的矛盾，而且对于我国转变政府职能，实现地方政府由单纯追求局部利益最大化转变为追求整体环境质量改进也具有重大的现实意义和实践价值。

目前国内对外溢性公共品的理论研究和具体实践都尚未形成体系，也缺乏对类似于环境治理这样的代表性外溢性公共品的实证分析。本书拟以环境治理为例，运用博弈论、空间统计、实证回归、数据包络分析等方法，基于公共经济学与环境经济学交叉视角，在对外溢性公共品的内涵、特征、传导机制等展开定性分析的基础上，着重解析目前我国环境治理公共品的供给质量问题，具体包括供给水平不足、供给结构失衡和供给效率低下三个方面，并通过构建跨界污染治理的理论博弈模型，针对污染物在空间外溢上的程度不同以及分布上的不对称性，探讨中央政府与地方政府之间在外溢性公共品供给职责划分与供给效率上的关系，最后构建适合我国经济财政体制的切实可行的外溢性公共品供给机制。本书试图通过从理论层面对比分析公共品、外部性与外溢性概念，界定地区间外溢性公共品的内涵、特征、传导机制等，以丰富我国外溢性公共品及其供给的相关理论，并在实践层面进一步考察我国环境治理这类外溢性公共品的供给主体安排，合理界定各级政府支出责任，从而全面提升地区间外溢性公共品供给质量。

具体而言，本书主要章节及基本内容如下。

第1章包括选题背景与研究意义、相关文献综述、研究方法与技术路线等。

第2章主要梳理和分析了外溢性公共品及其供给理论，在对公共品、外部性与外溢性概念对比的基础上，对外溢性公共品进行了内涵界定，并进一步探索其溢出渠道，同时界定了典型外溢性公共品形式及其特性，并在此基础上分析了国内外已有的外溢性公共品供给机制及演化。

第3章利用探索性空间数据分析方法，描述了我国环境治理的空间分布现状，明确了外溢性环境公共品在地区间的空间外溢性特征。研究表明，污染物在各省区之间呈现空间正相关，即存在污染集聚趋势，这也验证了我国在环境污染治理上加强区域协同合作的必要性和重要性。

第 4 章通过博弈论方法和 Ordered-probit 模型，对比了我国环境治理公共品的供给现状与需求情况，得出了我国外溢性公共品供给水平不足的结论，而其中的主要原因在于中央的财政激励不足、地方政府职能扭曲、地方官员个人利益最大化动机以及地区间的不合作倾向。

第 5 章将外溢性公共品供给结构具体划分为供给主体结构、供给区域结构和供给种类结构三方面，通过定性与定量分析相结合的方法分别论述和验证了各类结构失衡的表现形式、原因及针对性改进建议。

第 6 章利用 DEA 和 Malmquist 指数测算法验证了我国环境治理过程中存在的过度投入、地区之间差异悬殊、技术效率变化向下的作用力减缓了技术进步变化对环境治理效率的拉升作用等问题，并利用 Tobit 模型进一步分析出导致我国环境治理效率低下的主要原因在于较高的财政分权度和较大的第二产业占比。

第 7 章探讨了我国外溢性公共品供给中的政府职能及支出责任的划分与界定，并进一步对中央与地方、地方与地方之间在外溢性公共品供给上的行为博弈展开分析。结果显示，中央和地方的非合作纵向博弈很难达到理想的效果，而横向博弈显示了地方政府之间竞争与合作关系的错综复杂，这些都导致外溢性公共品供给出现了水平不足、结构失衡和效率低下的问题。

第 8 章归纳总结了本研究的基本结论，结合我国实际情况明确了适用于我国经济政治体制的地区间外溢性公共品供给机制，并在此基础上提出了未来需要进一步深入研究的主题和方向。

目 录
CONTENTS

| 1 |
绪　　论

1.1　研究背景与研究意义

　　1994 年分税制改革以来，我国财政收入集中度和财政支出分权度同步上升，政治集权式的政府治理体制与行政性分权、经济性分权并存，逐渐形成了中国式财政分权体制。在这种特殊的财政分权体制运行多年后，地方政府不断萎缩的财权与扩大的经济自主权之间的矛盾日益加剧，导致我国中央和地方事权与支出责任不适应、财力与事权不匹配的现象不断恶化，进一步强化了地方政府追求财政收入最大化的行为动机，典型表现为土地财政的日益扩张与膨胀。一方面，在中央经济增长目标与地方官员追求个人政治晋升及地方经济利益最大化的共同作用下，政府职能逐渐异化，地方政府更加注重增加投资、刺激 GDP 增长，与此同时却忽视了对基础性公共品的供给与管理，尤其是短期内经济效应不显著的环境公共品。近年来，传统粗放型经济增长方式巨大的成本与代价逐渐显现，部分地区甚至出现"拿环境换经济"的扭曲行为，生态环境沦为了地方政府实现自身利益最大化的主要牺牲品。另一方面，在条块分割的行政辖区背景下，受制于中央绩效考核和地方官员竞争的双重压力，各级地方政府的关注点容易仅仅局限于本辖区内公共品问题，而对跨辖区环境公共品的提供则很难进入地方决策视野，加之外溢性公共品在相关联辖区间的供给职责不明晰，且其收益的外溢性可能反而有利于

"竞争对手"地区,这种责任与收益的不对等进一步强化了地方政府的"搭便车"动机和狭隘的竞争观,因此,对于外溢性公共品供给,各地方政府更容易产生严重的卸责与推诿倾向。

然而,随着经济发展外延空间的不断扩张以及物流交通与信息技术的更新换代,各辖区之间的地理空间交互作用越发明显,地方公共品的外溢性日益突出。以备受关注的环境治理为例。随着我国经济社会的快速发展,环境污染、生态破坏等问题越发显现出来。其中,区域传输成为环境恶化的重要因素。据报道,2010 年京津冀地区共计排放 156 万吨的一次 PM2.5 颗粒物,其中北京市约 13 万吨,天津市约 14 万吨,河北省约 129 万吨①。而 2014 年数据进一步显示,北京的 PM2.5 中有 28% ~36% 来自区域传输,重污染时期甚至超过 50%,天津为 22% ~34%,石家庄则为 23% ~30%②。2015 年 11月,华北地区持续性重污染受灾范围甚至扩大至京津冀、山东、山西、河南等多个地区。此外,我国跨界河流的水质状况也堪忧。以山东省跨界河流为例,59.5% 的跨界河流断面未达到功能区要求,而其中超标最重的 10 个断面污染均因邻市污水排入造成③。污染的负外部性使得相应的污染治理也就具有显著的正溢出效应,这也赋予了环境治理外溢性公共品的属性。"十三五"规划建议中明确提出,今后五年,要在已经确定的全面建成小康社会目标要求的基础上,努力实现人民生活水平和质量普遍提高,保证环保、就业、教育、文化、社保、医疗、住房等公共服务体系更加健全,而这些在我国都属于典型外溢性公共品范畴。因此,深入研究我国外溢性公共品供给机制不仅可以缓解我国经济高速增长与公共品供给不足之间的矛盾,对于我国坚持科学发展、转变政府职能、改善环境质量等也都具有重大的现实意义和实践价值。

本书旨在通过分析我国典型的外溢性环境公共品的供给现状及其在各级政府间的权责划分,为进一步优化我国地区间外溢性公共品供给机制提供切

---

① 《雾霾真相——京津冀地区 PM2.5 污染解析及减排策略研究》,该报告由绿色和平与英国利兹大学研究团队于 2013 年底发布,是国内外第一份公开发表的全面分析京津冀地区 PM2.5 来源,并评估 2022 年该地区空气质量达标可行性及提出相应政策建议的研究报告。

② 新华网. 河北:初步揭开京津冀地区雾霾成因 [EB/OL]. [2014 - 8 - 29]. http://news. xinhuanet. com/local/2014 -08/29/c_1112288767. htm.

③ 新华网. 山东跨界河流断面水质监测通报:近 6 成超标 [EB/OL]. [2006 - 6 - 28]. http://news. sina. com. cn/o/2006 - 06 - 28/17209320959s. shtml.

实可行的理论研究与政策建议。目前国内对外溢性公共品及其供给理论的研究正在逐步深入，而本书在梳理国内外相关理论的基础上，试图进一步分析环境治理这一外溢性公共品在我国政府间的供给现状及作用机理，并根据我国实际情况对外溢性公共品供给机制提出了优化建议。因此，本研究不仅有助于丰富我国外溢性公共品及其供给的相关理论，而且将在实践层面促进我们进一步考察我国环境治理、公共教育、公共医疗以及跨地区基础设施建设等外溢性公共品的供给主体安排，合理界定各级政府支出责任，从而全面提升地区间公共品的供给质量。

1.2　文 献 回 顾

图 1-1 描述了本书文献综述的基本脉络：首先对外溢性公共品及其供给的一般理论进行了综述和简评，然后对我国环境治理与外溢性公共品供给的已有文献进行了研读和整理，并进一步对政府间供给博弈的相关文献进行了归类，最后基于国内外学者提出的外溢性公共品供给优化路径进行了分类讨论。

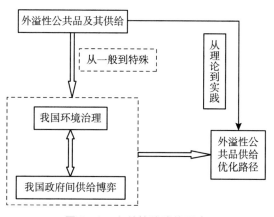

图 1-1　文献综述脉络示意

1.2.1　外溢性公共品及其供给

公共品理论是公共经济学的核心范畴之一，20 世纪 50 年代左右，Samuelson（1954，1955）、Tiebout（1956）、Buchanan（1965）等人对公共品及其供给理论进行了持续的追踪研究，构成了公共品理论的基本框架。对外部性的理论研究起步更早（Marshall，1890；Pigou，1920），在公共品理论逐渐系统化之后，对公共品和外部性的交叉研究更是极大地丰富了公共经济学理论与实践。Cornes 和 Sandler（1986）指出，相比于只是和国防等特定活动的内在相关性，外部性和公共品更应该被看做是一种激励结构，这样公共品就可以被视为外部性的一种特殊情况，此时，斯密所提出的需要政府干预的市场失灵的类型就被扩大了，外部性就变成了一个包括公共品在内的更宽泛的市场失灵的组成部分。Dybvig 和 Spatt（1983）认为当存在正外部性或负外部性时，公共品问题就应运而生了。对于正外部性，代理人会采取行动来提供一个公共品，而对于负外部性，代理人则会通过"不作为"来提供公共品。外部性包括外部经济和外部不经济、边际社会成本和边际私人成本之间的差异、外溢性等形式。Frischmann 和 Lemley（2007）对其中的外溢性展开了深入研究，他认为外溢性是出于私人目的而向他人"溢出"的结果。随着对公共品、外部性和外溢性相关研究的深入化和多元化，部分学者开始逐渐认识到特定公共品在供给过程中会对其他人造成溢出效应，例如，中心城市提供的便利设施会对郊区居民产生收益外溢；在跨境污染中，一个辖区可以从其他辖区的污染减排项目中获益等。此时，验证公共品外溢性的相关文献开始逐渐增多。Bramley（1990）量化分析了英国地方政府供给的娱乐服务外溢性的大小。Haughwout（1999）分析了基础设施供给政策在郊区和市中心之间的外溢性。Case 等（1993）利用空间自回归方法研究了美国州总支出的外溢性以及不同类目支出比如健康和人类服务、高速公路和教育等的外溢性，结果发现州对来自相邻州的公共品外溢性反应强烈。Helland 和 Whitford（2003）发现有毒化学物质的排放在州边界处水平更高，并且地方监管者对于那些部分落于辖区外的污染事件更加宽容，他们将其解释为外溢性。在外溢性种类特征上，Solé-Ollé（2006）将地方政府在公共品的支出政策带来的外溢性进一步区分为两种类型：来自于地方公共品供给的受益外溢（benefit spillovers）和来自于相邻辖区居民带来的设施拥挤造成的拥挤性外溢（crowding spillovers）。受益外溢假设代表性居民可以享受地方公共品在他们自己社区以及相邻社区的消费；拥挤性外溢是考虑到一个地方的消费水平受到相邻地区居住人口的影响，并非公共品供给的结果。如果产品是拥挤性的，那么两种类型的外溢性会同时产生。Solé - Ollé 利用模型验证了外溢性在巴西的存在，并且这一问题在城市地区更为尖锐。两种外溢性在郊区都存在，但是在城市中心却只有拥挤性外溢性。此外，Case 等（1993）、Dudley 和 Montmarquette（1981）、Murdoch 等（1993）、Fischer 和 Varga（2003）、Pereira 和 Roca - Sagales（2003）、Baicker（2005）等学者都为公共品溢出效应的存在提供了良好的实证证据。

公共品供给理论及其制度安排始终是经济学研究的一个焦点和难点问题，由于外溢性公共品涉及多方主体，因此其相关的供给问题一直是学界的讨论热点。Tiebout（1956）、Musgrave（1959）较早地指出了地方政府在供给地区性公共品上的信息优势。具体而言，Tiebout（1956）证明了可流动的居民采取"用脚投票"能够保证公共品和居民偏好实现较好的匹配。Musgrave（1959）在公共品供给问题上提出了"财政联邦主义"（fiscal federalism），他认为，由于地方政府代表了本地选民的偏好和需求，因此应该由地方政府负责供给外溢性较小的公共品，而中央一级政府主要负责全国性要素分配与社会经济稳定，这也是地方政府不可能涉及的领域。然而，Tiebout（1956）和Musgrave（1959）最大的问题在于，他们的理论模型中基本都假设不存在公共品外溢性问题，而这一假设却严重有悖于现实框架。在 20 世纪 60 年代晚期，在外溢性有关的一系列理论研究之后（Williams，1966；Brainard & Dolbaer，1967；Boskin，1973），最终以 Oates（1972）的财政联邦主义将外溢性公共品供给问题推向了顶点。

根据 Oates（1972）的地方分权法则，每一项公共品应该由拥有最小地理面积的管辖者来提供，这样，相关公共品的收益和损失就可以由它们自己承担，然而这种理论在实际操作时会带来大量管辖权重叠问题。Oates 的分权理论还进一步指出，当居民无法流动时，由于政府忽视了供给公共品带来的正外部性，总是会得到公共品供给的次优水平。同时，在分权供给公共品时，地方政府在只考虑本辖区居民利益和需求的前提下，很难协调跨辖区间存在的外溢性，也无法获得集中供给公共品时的规模经济，外溢性公共品必然会供给不足。因此，只有当偏好异质且公共品外溢程度较小时，分权供给才是有效的，否则就应该由中央政府集中供应。对此，布坎南（1991）指出，各级政府间的职责划分取决于公共行动溢出效应地理范围的大小①。一般而言，外溢性越强的公共品越应该由较高层级的政府提供。早期的文献都是非空间的，只考虑纯公共品的情况，并不能解决公共品应该在何处供给的问题。Koide（1985）较早地从空间角度研究了具有随距离衰减特征的非纯地方公共品的外溢性。在 Koide 看来，具有空间外溢性的地方公共品都是非纯的地方公共品，通过构建一个对数线性效用函数可以初步解决两个供给地中最优供给点的选择问题。结果显示，当在公共品上的效用函数加权要大于或等于在土地上的加权时，地方公共品只能在中间位置供给；反之，则分离的供应地则是最优的。简而言之，这一具有外溢性的非纯地方公共品越重要，其最优供给地就越有可能是中心位置。Hanes（2002）基于联合产品模型假设集体安保服务具有地方和区域公共品的基本要素，实证分析结果表明反应函数斜率为负，意味着"搭便车"确实存在，并且由于地方救援服务是距离的衰减函数，因此与辖区中心距离越近，外溢性越强，就越有可能发生"搭便车"行为。Besley 和 Coate（2003）通过模型证明，如果根据最小获胜联盟原则（minimum winning coalition），即获得 51% 选票就能获胜，将国家细分为更多区域就会使得公共品供给过程能对不同地区选民的偏好更为敏感。而对于外溢性非常大的公共品，采用集中供应的方式会更有效。Schaltegger 和 Zemp（2003）利用面板数据调查了地方公共安全服务的空间外溢性，实证结果证实了郊区政府和中心城市的公共安全服务支出之间存在策略互动。城市安全支出增长 10% 会导致郊区安全服务支出减少 3%。结果还显示，对于其他所有公共支出项目，并没有定量的显著的空间外溢性。

此后，部分学者还将外溢性公共品供给问题与其他相关议题相结合，试图挖掘此类公共品外溢性的特殊影响。Lipscomb 和 Mobarak（2008）利用 GIS 系统分析了巴西政治分权对跨辖区污染外溢的影响，由于河流上游辖区几乎没有动机来限制污染，因此最大的污染活动似乎更接近河流出口边界。即使存在这样的负外部性，分权对水质的净影响本质上还是为零，因为分权的其他有益副产品（尤其是增加了地方政府预算）抵消了负的污染外溢性。当然，还有一些学者也尝试从不同的视角研究公共品外溢性问题，比如 Brain-

---

① 布坎南. 公共财政 ［M］. 北京：中国财政经济出版社，1991：437 - 438.

ard 和 Dolbear（1967）、Pauly（1970）、Arnott 和 Grieson（1981）以及 Gordon（1983）讨论了支出外溢的效率问题，Conley 和 Dix（1999）讨论了俱乐部产品的外溢性。这些文献的一般结论都是外溢性造成了私人和社会收益的差异，进而导致次优的政策决策。Ladd 和 Yinger（1989）提出了对公共品外溢效应公平性的担忧，而 Bramley（1990）则谨慎地质疑了外溢性的规模和重要性。

　　然而，在我国对公共品的相关研究中，专门研究外溢性公共品的相对较少，并且大多是在讨论公共品供给、财政分权等问题时略微有所涉及，缺乏深入的主题研究。卢洪友和龚锋（2007）指出"支出外溢"是导致地方政府间预算支出交互影响的原因之一，其中，以教育、医疗、卫生为代表的社会福利一般消费型公共支出存在明显的省际间"受益外溢效应"。丁菊红和邓可斌（2008）认为公共品溢出效应的差异影响了政府的供给偏好，他们将政府提供的有形准公共品定义为"硬性"公共品，而诸如医疗、教育、卫生这样的无形准公共品则界定为"软性"公共品。软公共品的外溢性通常较差，虽然从长期来看，其对整体经济发展很有裨益，但短期上则对地方经济发展效果不显著，因此，相对于中央政府而言，地方政府对此类外溢性较差的软公共品偏好不强。与这一划分标准不同，傅勇（2010）按照生产性和消费性的区别将地方政府提供的公共品分为经济性公共品和非经济性公共品两种，前者包括交通、能源等方面，后者包括环保设施、卫生保健、文化教育等，从地方政府竞争的角度而言，非经济性公共品的外溢性要小于经济性公共品，而实证结果显示，公共支出的地方化并没有很好地促进非经济性公共品的有效供给，甚至可能成为现实困境的制度根源。李涛和周业安（2009）利用空间计量模型验证了公共品的溢出效应极易导致地区间策略替代型支出竞争。而汪冲（2014）在此基础上进一步明确了财政支出的外溢边界形式，包括地理上的相邻区域（比如环境保护、农林水事务、公共安全等支出）和经济社会状况相似的地区之间（比如基础设施支出）。在外溢性公共品供给问题上，刘蓉等（2014）突破性地通过构建两个地区之间的非合作博弈均衡模型深入研究了地区间外溢性公共品的供给承诺与匹配率问题，燃起了国内对外溢性公共品研究的新热情。

　　目前对于外溢性公共品及其供给研究主要针对供给不足及其原因的探讨，在此基础上比较系统地分析了辖区间外溢性公共品供给主体之间的利益关系和相互作用，为进一步的实证研究奠定了坚实的理论基础。就已有的国内外研究而言，主要存在以下几个问题：第一，国外对这一议题的研究起步较早，研究较深，并且已经逐渐延伸至不同的主题和视角，而国内文献虽然在最近几年对辖区间公共支出的溢出效应也做出了一定的实证研究，但是很少就外溢性公共品理论及其供给机制展开深入的定性和定量分析。第二，大部分已有文献都是建立在存在外溢性假设的基础之上，进而分析其可能的原因及结果，对于类似 Weisbrod（1965）和 Greene 等（1977）这样验证公共品供给过程中外溢性的存在的相关实证研究较少。第三，在研究对象上，一方面，对休闲文化服务、公共教育、社会保障等问题的实证研究较多，而对于环境保护的研究却更多的局限在定性分析上；另一方面，研究数据也多来自欧洲以及拉美国家，对中国情况的研究凤毛麟角。

1.2.2 我国环境治理与外溢性公共品供给

一般而言，外溢性越强的公共品越应该由较高层级的政府提供。Besley 和 Coate（2003）重新审视了外溢性公共品的集权式（centralized）供给和分权式（decentralized）供给之间的效率权衡，他们发现，集权制度和分权制度的相对表现都依赖于外溢性和公共支出的偏好差异，将国家细分为更多区域就会使得公共品供给可以对不同地区选民的偏好更为敏感，而对于外溢性非常大的公共品，采用集中供应的方式会更有效。在环境治理问题上，作为第一个检验跨辖区水污染外溢性的学者，Sigman（2002）通过比较跨国河流和国内河流的污染水平发现，如果国家选择"搭便车"，跨界外溢性就会降低环境质量，也就是说，"搭便车"极大地增加了跨国河流的污染水平，但估计结果对相关国家的数量很敏感。在 2005 年 Sigman 又进一步改善了识别策略以分析美国州际之间清洁水法案的外溢性。List 和 Mason（2001）指出，只要外溢性不是太高，那么分权相对于集中政府在异质性下设置的统一污染指标而言，更能提高效率。在这一点上，Ring（2002）提出了不同看法，他认为，那些和环境区划变动性不大、空间上受限等问题相关的环境公共品，更适用于由较高层级政府负责提供，因为他们产生的外溢性较小。Deng 等（2012）通过实证研究发现，政府的环境基础设施建设投资具有"受益外溢"

的正外部性特征，而这正是造成地方环境保护积极性不高的根本原因。Silva
和 Caplan（1997）分析了斯塔克伯格模型中跨界污染治理的政策工具在区域
政府和中央政府之间的分配。结果表明，政治权力在两个层级政府之间的分
配会导致环境政策执行效果的显著差异，因此至少要给予中央政府进行区域
间转移支付的权力。Olson（1969）进一步提出，如果政治管辖区刚好与外溢
性的收益范围相重合，那么"搭便车"问题便能得到解决，公共品的有效提
供就能得到保证。因此由哪一级政府去提供公共品，应遵循收益范围和政治
辖区相一致的原则（Oates，1972）。根据这一原则，那些收益归地方居民享
有的地方公共品就应该由地方政府供给，而那些会产生地区间外溢性的地方
公共品就应该由一个"超地方"的政府如省政府或中央政府来供给。当治污
收益有助于政治上的"局外人"时，污染方不愿意对本地工业企业强加高成
本的控制与监管，而受影响的一方也不可能阻止自然介质将污染物传送至本
辖区。考虑到由单一辖区治理此类污染上的固有困难，具有外溢性特征的污
染治理权应从地方转移到更高层级的政府（Merrill，1997）。而对于辖区间外
溢性产生的无效率问题，可能有必要建立一个中央补助制度，来影响特定辖
区的行为，从而使这类外部性内部化。这就要求较高层级的政府对那些能对
辖区外主体产生收益的支出（比如环境支出等）提供相应的补助，且补助的
强度应取决于收益外溢性的大小（Musgrave，1976）。

　　在我国，由中央政府承担外溢性环境治理主要职责的要求，符合我国的
基本国情和财政体制的特点。首先，由于过去我国采取以 GDP 为主的地方官
员考核制度，官员晋升与地区短期内经济绩效紧密相关，这样，官员之间的
晋升锦标赛使得具有明显外溢性的环境保护和污染治理成为了被牺牲的一项
重要公共职能（周黎安，2007；傅勇，2010）。崔亚飞和刘小川（2010）验
证了地方政府在税收竞争中对污染治理所采取的"骑跷跷板"策略①（riding
on a seesaw）和"趋劣竞争"现象②（race to the bottom）。其次，我国地区发
展差异较大、社会构成多元化且人文环境独特，这就要求在外溢性公共品供

---

　　①　Chirinko R S, Wilson D J. Tax competition among US states：Racing to the bottom or riding on a see-saw？［J］. CESifo Working Paper Series No. 3535, 2011.

　　②　Cumberland J H. Efficiency and equity in interregional environmental management ［J］. Review of regional studies, 1981, 2（1）：1 – 9.

给上进行适度的集中（李萍，2010）。卢洪友等（2012）指出，中国式财政分权并不影响省域间基本环境公共品的产出水平和受益程度，却存在"诱导"地方政府降低环境投入的内在激励，进而降低了基本环境公共品的综合绩效。在地区差异上，屈小娥（2012）通过构建"纵横向"拉开档次的动态综合评价模型，计算了各省份 1990 ~ 2009 年的污染综合指数，结果显示，西部地区环境污染最小，依次为中部和东部。因此，在这样的背景下，中央政府在以环境治理为典型代表的外溢性公共品供给问题上应该发挥至关重要的作用。一方面，中央政府承担更多的事权和支出责任，不仅可以改善民生，提高公共品供给水平，还可以缓解地方财政困难。另一方面，中央对地方的转移支付可以缩小区域间差异，实现区域协调发展和公共服务均等化。然而，除了中央政府在环境政策制定和执行上的作用与权威，地方政府在环境治理上发挥的重要作用也同样不容忽视（张欣怡，2013）。在加强地方政府横向合作治理环境层面，汪伟全（2014）以北京市空气污染为例，提出必须建立国家层面的空气污染防治战略，健全空气污染跨域治理的利益协调和补偿机制，完善跨域治理机构的结构设计和组织功能等建议。王奇等（2014）以双主体的博弈模型为基础，分析了具有不同属性的两个地区在环境合作与非合作情形下的效用变动。

国内对环境治理的研究更多地集中于环境经济学的视角，较少涉及政府间事权和支出责任等财政制度问题，对于相关治理机制的研究也倾向于单纯从空间角度出发考虑区域合作问题，较少涉及我国特殊国情下的中央政府财力支持和宏观协调的作用，这也正是本书的研究重点之一。

1.2.3 我国政府间外溢性公共品供给中的博弈分析

从空间地理分布来考察，外溢性公共品的供给必然涉及多个不同辖区，因此政府间的交互作用就显得异常重要。Williams（1966）阐述了辖区间政府互动的复杂性，他指出，假设地方政府可以自由独立的决定公共品的供给，那么即使在极度简化的情形下也会存在复杂的相互作用，正是这一相互作用会使我们不可能去预测最终结果是供给过度还是供给不足。Bloch 和 Zenginobuz（2007）利用现代博弈论工具分析了具有外溢性的地方公共品的跨辖区供给问题。在通常情况下，公共品供给水平由辖区之间的相互作用以及外溢矩阵来决定。如果溢出效应是对称的，那么辖区间的非合作博弈将承诺一个唯一均衡解，而且溢出效应的增加会减少公共品的总供给；如果溢出效应是非对称的，此时又分为两种情形：若溢出价值较低，那么均衡就是唯一的；若溢出价值较高，就会存在多个均衡解。当然，参与博弈的辖区数量对研究结论也十分重要。在只有两个辖区的情况下，流向"受益辖区"的外溢效应增加时，会使该辖区的个体受益，却损害了"供给辖区"的个体利益。当存在两个以上辖区时，很难确定溢出效应的变化带来的影响，因为辖区间相互作用的复杂性将始终困扰地区间外溢性公共品供给体系的设计，公共品外溢性和税收竞争一起构成了政府间相互作用存在的两种形式和渠道。Brainard和 Dolbear（1967）研究了税收竞争对外溢性公共品供给的影响，他们发现，在税收竞争条件下，地方政府往往忽略了辖区间公共品的外溢性，在各自为政的背景下，地方政府间的竞争往往会导致外溢性公共品供给不足。

在我国多级行政管理体制下，和公共品供给的一般情景一样，政府间外溢性公共品供给过程中也存在纵向博弈和横向博弈两大脉络。

首先，中央政府和地方政府之间在外溢性公共品供给问题上会产生纵向博弈。由于我国各地区在自然资源禀赋、经济发展水平等方面都存在差异，并且各辖区居民的公共需求也千差万别，因此，作为信息弱势方的中央政府几乎不可能直接介入各地的经济社会发展工作，这就赋予了地方政府作为中央代理人的可能性和必要性，因此中央和地方逐渐演变为一种"委托—代理"关系。一方面，地方政府作为代理方，其权力的获取和使用都必须服从委托方中央政府的统一领导，地方政府在资源配置、职能定位等方面的自主权都不能违背中央的政策方向，这样，地方会对中央的选择性政策形成"纵向性依赖"①。Wildasin（1997）就发现，当中央援助（转移支付）被列入地方政府预期范围内时，地方政府就会提前计划将中央资助用于外溢性公共品投资，而将自有财政资金投资于那些收益局限在本辖区内的公共品。另一方面，由于委托方和代理方的目标函数存在一定的偏差，代理方地方政府作为经济意义上的理性人，追求自身利益最大化的过程中不可避免地会产生逆向

---

① 殷存毅，夏能礼. "放权"或"分权"：我国央地关系初论［J］. 公共管理评论，2012，12（1）：23–42.

选择和道德风险问题，这就使得地方在供给公共品过程中往往存在推诿卸责或者选择性供给的倾向，从而导致供给水平不足、供给结构失衡以及供给效率低下等问题。理论上，中央和地方应根据公共品的外部性范围来划分供给职责（殷德生，2004）。当地方与中央目标不一致时，二者之间的利益博弈便不可避免。在我国，对中央政府和地方政府之间博弈关系的研究多围绕财政分权展开（陈抗等，2002；张晏和龚六堂，2004）。丁菊红和邓可斌（2008）在 Besley（2003）模型的基础上，深入考察了中央和地方公共品偏好差异的形成过程，从而建立了中央与地方的动态博弈模型，研究发现，当中央与地方对公共品产出有相同偏好时，中央政府如果认定该公共品特质性越强，越不可替代，就越倾向于集权式供给该公共品。反之，则青睐于分权式供给。邓可斌和丁菊红（2009）指出目前我国中央政府与地方政府在公共品供给上的博弈已经进入第二阶段末期。在经济较发达地区，居民对公共品的需求程度不断增加，尤其对环保、医疗、教育等软公共品的偏好增加得更快。这种辖区居民公共品需求偏好的改变逐渐表现为地方政府偏好的转变，促使地方政府要求中央降低分权程度，加大对软公共品的供给水平。目前，中央政府和地方政府在公共品供给上存在的不协调问题主要源于政府间事权与支出责任的不适应、财力与事权的不匹配。针对这一问题，当前已有的政策路径主要分为两种：其一，试图平衡地方政府的财力与事权，即通过上级的转移支付或增加地方政府的自由收入来弥补地方财力缺口（陈硕和高琳，2012）；其二，试图上调事权，尤其是增加中央政府在公共品供给中的支出比重（刘明慧和安然，2015），"十三五"规划也进一步明确要"适度加强中央事权和支出责任"。

其次，同级地方政府之间在外溢性公共品供给问题上也会产生横向博弈，表现为一种水平方向的静态或动态的互动关系，主要包括冲突对抗和协调合作两种基本实践状态。从历史角度看，我国地方政府间关系主要呈现出"竞争"与"合作"两个关键维度。

第一，在竞争层面，总体而言，联邦制国家中的政府间关系是竞争性的（Breton，1996），Tiebout（1956）也指出，现实中大部分公共品是由地方政府提供的，比如教育、警察、消防、卫生和法院等。而在地方政府供给这一层面上，"以脚投票"（vote with foot）机制可以迫使地方政府之间形成相互竞争的机制，从而使公共品供给达到最优水平。然而，由于各种公共品的经济功能和规模效益存在很大的差异，因此地方政府之间的竞争并非总是能使供给达到合意的有效水平（Keen & Marchand，1997）。尤其是在我国，地方政府在以经济绩效为考核指标的人事控制和晋升体制下，为促进地方经济发展而竞相开展"标尺竞争"（yardstick competiton）（Li & Zhou，2005）。虽然这种"标尺竞争"对经济发展确有实效，但对公共品供给却未必有效，原因在于像教育、医疗等公共服务的产出并不容易测量，地方政府总是"重基本建设、轻人力资本投资和公共服务"，从而忽视这些中央政府不易监测的文化、教育、医疗、卫生、环保等公共品的供给（傅勇和张晏，2007；王永钦等，2007）。Cremer（1997）等人也指出，溢出效应的存在和地方政府之间的非合作行为是造成公共品供给偏离最优水平、甚至公共支出总体规模不足的两个主要原因。

第二，在协商合作层面，Inman 和 Rubinfeld（1997）提出了"合作式联邦主义"（cooperative federalism），他们认为可以通过地区之间的协调与合作来解决外部性问题，并不需要中央权威就可以实现外部性内部化。在我国学者的相关研究中，在地方合作机制的可能性和有效性问题上，金太军（2007）指出，在地方政府之间的博弈过程中，当各地方政府的欺诈成本远远大于欺诈收益时，各地方政府就会在博弈中采取合作的博弈策略。也就是说，虽然博弈过程可能会消耗相当大的机会成本、时间成本和谈判费用等，但是地方政府之间通过协商达成对区域公共管理的认同协议是可能发生的结果。杨宇谦等（2012）通过引入实验方法，从合作体和合作者两个层面考察了资源禀赋对公共品供给的影响。结果发现，由合作者共同承担合作惩罚可以有效缓解公共品供给中潜在的"搭便车"现象和"不作为"问题。在地方合作机制的构建和完善上，杨龙和郑春勇（2011）在分析我国具有溢出效应的区域性公共危机治理时指出，地方政府合作机制应该包括应急联动机制、利益补偿与分享机制、基础设施共建共享机制和监督约束机制等。李明全、王奇（2016）通过理论建模发现我国现行环境管理体制决定了地方官员任期长短对地区间是否采取合作共同治理跨界污染具有重要影响，因此为了保证地方环境合作机制的稳定性和持久性，应尽量避免地方领导的频繁更替，并考虑实行地方官员环境保护终生追责制。卓凯和殷存毅（2007）认为现有行政区划的体制性障碍和不同水平成员之间的合作激励问题构成了目前我国地方之间跨界合作治理机制的两个根本性难题。因此，杨龙和彭彦强（2009）从政治学角度进一步明确了地方政府在合作供给跨界公共品时，需要相关地方政府让渡部分行政管辖权。

目前对地方政府协商合作机制的已有研究大多基于区域经济学视角，从经济、政治等角度考虑构建区域合作共同发展体（蔡昉和都阳，2000；张紧跟，2008；苏长和，2010），而地方政府协商合作供给公共品属于公共治理的创新型领域，尤其是对外溢性公共品的供给，因此目前对这一主题的研究相对较少，这也为未来的进一步探索指明了方向。

1.2.4　地区间外溢性公共品供给问题的优化路径

由于辖区边界和收益传播范围的不一致以及"搭便车"动机的存在，一国范围内公共品供给的收益外溢是不可避免的现象。当公共品具有外溢性时，即供给这一公共品的收益会外溢到辖区边界以外的地方，此时，由于辖区供给该公共品的支出决策是建立在本辖区获益程度的基础上，并不会考虑辖区之外的获益情况，因此这一公共品的供给必然会造成分配不足，进而带来资源配置的无效率（Weisbrod，1964；Break，1967；Slack，2006）。外溢性公共品的供给问题几乎是和公共品本身同时产生的。早在 20 世纪 60 年代，Tiebout（1956）和 Musgrave（1959）就在不考虑外溢性的前提下给出了地方政府在供给地区性公共品上的信息优势，其后，随着相关理论的成熟，Oates（1972）在其经典的分权理论基础上，对外溢性公共品的分权式供给和集权式供给做出了深入的效率权衡。然而，无论在哪种制度下，单纯地由地方政府提供外溢性公共品必然带来供给不足或效率低下等问题。于是，学者们开始寻找创新性的供给机制。目前，已有文献主要从以下几个方面对外溢性公共品供给问题的优化路径展开讨论。

第一，合适的财政激励机制可以强化地方政府对外溢性公共品的供给动机，尤其是庇古税和补贴政策。虽然辖区政府总是倾向于提供次优水平的外溢性公共品，但是由中央政府制定的庇古补贴可以显著提高辖区政府的供给动机（Pauly，1970；Oates，1972）。为了达到福利经济学所定义的"社会最优", Williams（1966）提出了一套补偿方案：①根据提供公共品产生的外溢性而获得明确的补偿；②根据从其他供给主体获得的外溢性而支付补偿；③原则上将补偿视作可用以消费公共品或私人品的所得，即具有一般化的购买力。Brainard 和 Dolbear（1967）指出，如果辖区对可流动物品（比如鸟、苹果）拥有产权，那就可以要求受益辖区根据其所获收益给予相应的归还或者补偿，此时就可以达到最优，这和 Williams 提出的补偿方案一致。然而，问题就在于，并非所有的公共品都可以清晰地划分产权，这就使得补偿方案在实际操作中难以执行。Zhuravskaya（2000）在俄国城市预算独有数据的基础上，证明了区域和地方政府之间的税收分享机制完全没有给予地方政府增加税基或者供给公共品的激励。由于地方政府自有收入的任何变化都几乎完全被共享收入的变化所抵消，这就导致了政府对私营企业的过度监管。结果显示，财政激励是私营企业形成以及公共品供给效率的一个决定因素。Besley 和 Coate（2003）发现，一旦出现外溢性，可以提供一些合适的边际财政补贴，以此来助推相关的公共支出水平。Lundberg（2006）指出，如果辖区间休闲文化服务的供给都和外溢性有关，那么在设计中央政府对地方的资助项目时就必须将这一点纳入考虑范围。虽然税收补贴政策是改善外溢性公共品供给问题的传统方法之一，但其有效性等问题也不断被学者们质疑和考证。Buchanan 和 Stubblebine（1962）以环境污染为例指出，当污染方和受害方之间存在协商过程时，对污染方征收庇古税将导致一个次优解。Davis 和 Whinston（1962）则认为税收补贴计划不足以保证福利最大化，也不可能决定何种税收才能带来有效解。

　　第二，政府间纵向转移支付可以作为补偿地方政府提供外溢性公共品的一种可选工具。由于公共品的非竞争和非排他特征，相关辖区间就可能存在空间外部性或外溢性，这会导致公共品供给不足。此时，财政均等化（fiscal equalization）原则就起作用了，这一原则提倡在公共品支付者和受益者之间形成有效匹配（Buchanan，1950）。Olson（1969）发现，假设大规模运营的低效率问题要求地方供给公共品，那么外溢性就可以通过从更高层级的政府向低层级政府财政转移的方式来实现内部化。这意味着地方政府决定自己的支出水平，而中央政府也需要承担一部分成本。这样，地方政府就会因为他们"分享"的外部收益而获得相应的补偿。Oates（1999）发现，在这种制度下，地方政府依旧可以保持自治，而中央政府也可以扩大对地方政府政治决策的影响力。因此，匹配拨款方案（matching grant solution）就成为了一个政治上具有吸引力的策略。然而，在这种政体下，由于纵向拨款违背了为地方公共品筹资的财政均等化原则，在纳税和获得公共服务之间并没有建立直接的联系，这就产生了所谓的"粘蝇纸效应"（flypaper effect）（Gramlich，1977；Hines & Thaler，1995）。这样，政府间纵向拨款的分配更多的是由政治原因决定，而不是仅仅只是来自经济理论的考虑（Inman，1988；Pitlik et al.，2001；Borck & Owings，2003）。因此，特殊补偿和匹配拨款的问题就在于它经常都无法将收益外溢充分内部化。同时，匹配拨款也并非在任何情况下都是有效的，Boadway（1989）等人就发现，当地方政府可以看透（see through）中央预算并将自己的财政决策对中央预算的影响纳入考虑范围时，匹配拨款就是无效的。

　　然而，即便存在种种未知缺陷，仍有大量学者展开了对匹配拨款这一创新工具的深入研究。Dahlby（1996）发明了一套公式用以匹配拨款，这可以纠正由财政外部性引起的政府决策制定过程中的扭曲。而 Figuieres 和 Hindriks（2002）验证了匹配拨款可以重获帕累托最优，但所要求的拨款数额较大。同时，他们发现，最优匹配拨款和辖区数量以及辖区的政策变量并无关联，这一结论却和大多数的研究结果相反。Ogawa（2006）在地方财政的相关文献中发现，最优匹配拨款项目最显著的特征之一就是，匹配拨款率应该随着公共品外溢程度的增加而增加。然而，他利用 Bjorvatn 和 Schjelderup（2002）的模型再次检验最优匹配拨款项目的这一特征时却发现，最优匹配拨款率可能随着外溢性的增加而下降。Kitchen 和 Slack（2006）也指出强化外溢性公共品供给动机的方法之一就是来自上级政府有条件的匹配转移支付。这一转移支付必须是有条件的，因为它应该用来承担会产生外部性的那部分公共品供给成本，而匹配强调的是这一转移支付要反应外溢性的程度。Crivelli 和 Staal（2013）通过模型发现中央政府的匹配拨款可以带来外溢性公共品具有社会效率的供给水平，但是地区仍然可以通过诱导直接融资来利用中央政府的干预，结果显示，地区引导救助的能力与意愿是和地区大小负相关的。Ring（2008）从公共经济学视角出发研究了具有较强外溢性的生态公共品的供给问题。结果证明财政转移是将空间外溢性内部化的合适工具，尤其是州政府可以利用财政转移补偿市政府在辖区内对环保等外溢性生态公共品的供给。

第三，横向区域合作，比如关联方的科斯式协商（Coaseian bargaining），也可以达到一个辖区间外溢性公共品的帕累托有效解（Oates，2001）。Coase（1960）认为，给定一个精确的产权分配方式，且不存在任何信息成本或协商成本时，双方将达成一个可以将二者之间所有外部性内部化的自愿协议，进而实现帕累托有效产出。这就是著名的科斯定理，其最基本的要求可以概括为：只有交易成本或谈判成本的存在才可以阻止自愿协商获得帕累托有效的产出。随后，科斯将他的分析从两个主体之间的外部性扩展到了多群体甚至"无定形"外部性（amorphous externalities）或者类似环境污染这样的公害品上（Coase，1988）。然而在现实中，几乎找不到交易成本为零的理想化市场，正是科斯定理的这一强假设引起了大量学者对其有效性的讨论和质疑。Dixit 和 Olson（2000）就利用两阶段博弈质疑了即使在没有交易成本的情况下，科斯定理的有效性。

通过科斯式协商达到的自愿合作机制最早被用于国家之间共同治理全球性污染或跨界污染问题。Carraro 和 Siniscalco（1993）以跨界污染为例证明了国家之间的策略性互动并不必然导致公地的悲剧（Ostrom，1990），并且存在很多可能的自愿合作来控制排污量，此外，部分地区之间的局部性合作也可以实现有效的环境保护。Chander 和 Tulkens（1995）在此基础上进一步研究了国家或地区之间在治理跨界污染时的最优转移支付方案。然而，在存在严重搭便车动机并违背治理承诺的次优背景下，需要众多国家参与且保证信守承诺的全球性协议并不必然是最优选择。即使在情况最好时，国际环境协议（International Environment Agreements，IEAs）的作用也微乎其微；而在最差时，它甚至无法生效（Barrett，1999，2003）。随后，Asheim 等（2006）证明了对于类似减缓气候变化这样的外溢性环境公共品的供给，区域性合作要比全球性合约更有效，社会福利也会更高。

随着对科斯定理与区域合作研究的逐渐深入，学者们开始探索地区之间基于科斯式协商的自愿合作机制在外溢性公共品供给中的可行性和有效性。Ray 和 Vohra（2001）研究了地区之间通过科斯式协商达成的公共品供给合作联盟，并进一步提出了均衡联盟结构（equilibrium coalition structure）的概念以研究联盟的形成如何成为低效率的潜在来源之一。Alberini 和 Segerson（2002）讨论了自愿和强制方法在提高区域环境质量上的相对优势以及在评估一份自愿协议时会产生的理论和实证问题，并确定了一些会提高自愿协议效率的主要因素。Schaltegger 和 Zemp（2003）指出横向成本分摊协议代表了外溢性问题中比较务实和节约成本的解决方案。虽然很多人认为，中心城市在和郊区协商的过程中经常处于弱势，但 Pommerehne 和 Krebs（1991）以瑞士为例证明了中心城市在展示了自己所承担的超额负担后仍然能成功地达成协议。从理论角度而言，由于所有人对协议都很感兴趣，因此横向协商尤为有效。自愿合作培养了遵从协议的内在动机，合作主体之间不仅能够主动积极完成协议，还能互相监督，提高执行率。

第四，外溢性公共品的政治辖区和经济辖区之间的"不吻合"促使学者们开始从辖区边界改革入手解决外溢性问题。Stigler（1998）给出了管辖权设计的两个基本原则：①一个代议性政府与人民越接近，运作的就会越好；②人民应该拥有投票选择适合自己的公共品种类和数量的权利。这些原则表明决策应该发生在与执行效率相一致的最低层级的政府。由于公共品的供给决策由一个政治辖区决定，当存在外溢性时，这个政治辖区的范围就会小于该产品的经济领域（Sandler & Cauley，1977）。Slack（2006）认为解决外溢性的方法之一就是将政府辖区设计的足够大，这样某些特定公共品的所有收益就只能由辖区边界内的居民享受。这种边界上的变动可以将外溢性内部化，这样所有的受益者都将为之付费。然而，从规模经济角度出发，辖区的最优大小应该随着服务的不同而不同，此时，根据外溢性内部化观点得出的最优辖区就会和规模经济要求的最优辖区相冲突。在此基础上，Slack 进一步提出可以尝试构建特定目的区域，其优势之一在于每种公共品的外溢性都可以独立解决。由于每种公共品的外溢性边界不可能是完全一样的，地方政府就可以建立独立的区域从而将外溢性内部化，比如区域性交通区或者医院区。Williams（1966）也承认，通过合适的辖区范围"再定义"可能会得到更好的结果，因为它可以将一些外溢性内部化，进而将辖区间问题转换为辖区内部问题，但是目前并不存在可以大幅度减少辖区间外溢性且具有可预见性的地方政府边界重构，所以这一问题有可能还会持续一段时间。辖区边界改革作为外溢性公共品供给优化路径之一，其出现即伴随着系列问题，而这些问题也抑制了这一供给方案在实践中的深度普及。城市区域领土上的整合作为空间外溢性内部化的可行方案之一，必然促使扩大后的辖区领域为整个辖区提供更大范围的公共品（Schaltegger & Zemp，2003）。然而，将一个分权式的公共品供给模式转变为"统一制度"将不可避免地导致效率的大量损失（Bradford & Oates，1974）。某项公共品的地方政府最优集中形式并不能完全涵盖其他公共品，这样的结果就是，部分辖区间外溢性碰巧被内部化了，却同时产生了新的外溢性（Frey & Eichenberger，1996）。并且相互融合的城市减少了区域多样性，侵蚀了本辖区的政治认同感，甚至损害了地方政府之间的竞争。来自美国城市的证据表明，通过城市整合的方式将空间外溢性内部化所获得的效率远远不能补偿竞争的损失（Gossman et al.，1996）。Schaltegger 和 Zemp（2003）以公共安全支出为例指出，虽然一些州建议将城市的警力整合到州的警力装备中，然而，通过集中化将外溢性内部化的做法要求大范围而又影响深远的国家干预，并且成本也十分巨大。

第五，最近几年，少数学者开始尝试将不同的供给方案相结合，以进一步提高外溢性公共品的供给质量。Altemeyer – Bartscher 等（2010）提出了一种基于科斯协商和庇古税相结合的方案。协商主体向对立方提供一种旁支付①（side-payment）以影响他们对污染性消费的征税。反过来，这种旁支付通过纠正外部性的税收来自筹资金，这样就可以获得一个帕累托有效的结果。Buchanan（1965）则假定由人们自愿形成的组织提供的公共品能保证管辖权与提供最优化的公共品相一致。

目前，学界对于外溢性公共品供给优化路径的探讨已经逐渐趋于成熟，并且随着经济发展、社会环境的变化，也逐渐衍生出很多新的可行方案。在全球性公共品供给问题中，并不存在一个全球性权威机构来执行矫正性税收或补贴（Ogawa & Wildasin，2009）。即使在一国范围内可以由中央政府来执行相应的财政激励措施，但是如何平衡不同辖区的供给动机也成为了一个新的问题。政府间纵向转移支付违背了财政均等化原则，由此产生的"粘蝇纸"效应也阻碍了外溢性的完全内部化。横向区域合作面临着巨大的协商和执行成本，且相关文献几乎没有讨论对辖区间横向合作执行情况的监督问题。

---

① 根据《牛津经济学辞典》的相关解释，旁支付是指合约协议中的一方或多方为了诱导其他主体加入协议时给予的一种支付。

边界改革作为一个大胆的创新，其可操作性也由于很多现实问题的存在而大打折扣。虽然这些问题和解决方案已得到了学者们的模型推演和实证验证，但是已有文献都只着眼于某种单一路径，只就一个供给方案分析其思想和可行性，很少尝试将多种思路相结合以讨论其协同作用和联合功效。

1.3　基本结构与框架体系

本书主要包括 8 章（含绪论），按照以下顺序对各章节进行安排。

第 1 章为绪论，涉及本书的选题背景与研究意义、相关文献综述、研究方法与技术路线、创新与不足等。

第 2 章为本书的理论基础，主要分析外溢性公共品及其供给理论，具体包括公共品、外部性与外溢性的理论对比，外溢性公共品的界定、形式与特征分析，以及外溢性公共品供给理论及演化。

接着，本书从一般性外溢性公共品的理论研究转入到对我国代表性外溢性公共品——环境治理的"特殊性"分析。

第 3 章利用探索性空间数据分析方法，描述了我国环境治理的空间分布现状，明确了外溢性环境公共品在地区间的空间外溢性特征。

第 4 ~ 6 章为并列关系，分别以环境治理为例，分析了我国外溢性公共品的供需水平、结构平衡度与效率问题。其中第 4 章利用博弈论方法和 Ordered-probit 回归模型，对比了我国环境治理公共品的供给现状与需求情况，得出了我国外溢性公共品供给水平不足的结论，进一步分析原因并给出了对应的政策路径。第 5 章将外溢性公共品的供给结构进一步区分为供给主体结构、供给区域结构和供给种类结构，通过定性与定量分析相结合，得出了我国外溢性公共品供给结构失衡的结论，并进一步分析原因并给出了对应的政策路径。第 6 章利用 DEA 和 Malmquist 指数测算出我国环境治理效率水平，并利用 Tobit 模型进一步分析出导致我国环境治理效率低下的主要原因在于较高的财政分权度和较大的第二产业占比，最后提出了提高外溢性环境公共品供给效率的政策建议。

遵循从一般到特殊再到一般的逻辑，第 7 章从环境治理又回到了一般性外溢性公共品的供给问题上，探讨了我国外溢性公共品供给中的政府职能及支出责任的划分与界定，并进一步对"央地"政府之间和地方政府之间在外溢性公共品供给上的行为博弈展开分析。

第8章为本研究的主要结论。首先归纳了本书的一些基本结论，然后在前文理论与我国实践的结合上，明确了适用于我国的地区间外溢性公共品供给机制。最后进一步提出了未来值得深入探讨的相关主题和研究方向。

本研究的逻辑结构图见图1-2。

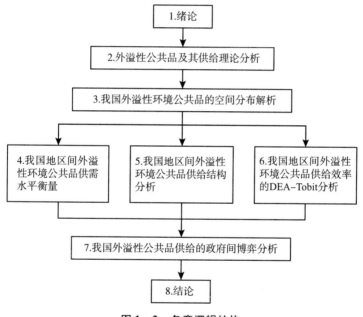

图1-2　各章逻辑结构

1.4　研究方法与技术路线

1.4.1　研究方法

本研究的主要数据来源包括历年《中国统计年鉴》《中国环境统计年鉴》

《全国环境统计公报》《环境统计年报》《中国财政年鉴》《中国城市统计年鉴》《中国综合社会调查》和中国环保部、财政部网站公布的相关数据等，大部分的统计数据基本可以通过 CEIC 数据库、EPS 数据库以及世界银行数据库获取。此外，本书还引用了《2007 年中国公众环境意识调查》、《中国环保民间组织发展状况报告》、历年联合国环境规划署（UNEP）年报、《中国可持续发展战略报告》、"十二五" 规划和 "十三五" 规划等报告中的相关数据。

本书采用理论和实证、定性与定量分析相结合的研究方法。首先对外溢性公共品及其供给理论进行了相关梳理和定性分析，接着以环境治理这一典型的外溢性公共品为例，利用探索性空间数据分析方法对我国外溢性环境公共品的空间分布现状和分布特征展开解析，然后利用各种统计数据和实证方法定量分析了我国外溢性公共品供给过程中存在的供给水平不足、供给结构失衡和供给效率低下的问题，进一步分析其原因并给出针对性政策建议。最后对我国各层级政府在一般性外溢性公共品供给中的职能和支出责任进行了划分，并对中央政府和地方政府之间以及地方政府与地方政府之间就外溢性公共品供给问题展开博弈分析，在理论与实际、特殊与一般相结合的基础上，提出了与我国经济财政体制相适应的外溢性公共品供给创新机制。

具体而言，本书的研究方法包括：

1. 探索性空间数据分析方法（ESDA）

本研究采用空间统计中的探索性空间数据分析方法，利用 Geoda 软件对我国外溢性环境公共品在各地区的空间分布情况进行了绘图，绘制环境支出、污染治理投资等指标的五等分图，并求解各项相关指标的 Moran's I 指数，之后进一步通过绘制分析各类污染物的 LISA 聚集图，确定了我国环境污染的空间分布形式与外溢性特征。

2. 静态博弈与理论建模

本研究利用静态博弈方法，求解出我国政府间外溢性公共品的最优理论供给水平，并将之与实际供给水平及主观需求水平进行比较，推导出我国外溢性公共品供给水平不足的基本结论；同时通过构建博弈理论模型，对我国中央政府与地方政府之间以及地方政府与地方政府之间在外溢性公共品供给上的行为选择进行了分析。

3. 数据包络分析（DEA）

在分解和测算地区间外溢性公共品供给效率时，本研究通过数据包络分析法计算出 2010 年各省、自治区、直辖市环境治理效率，并分析了非技术有效地区中各投入量冗余情况。同时，本书还进一步利用 Malmquist 生产效率指数对 2003 ~ 2010 年 30 个省区市（未含西藏）的效率情况进行了测算与分解。

4. 实证分析

利用 2010 年《中国综合社会调查》数据，对我国居民的环保支付意愿和实际污染情况、收入水平等指标展开 Ordered-probit 回归，证实了我国居民对环境公共品的强烈需求；在 DEA 和 Malmquist 测算效率的基础上，本研究还利用 2003 ~ 2011 年间的面板数据，通过构建 Tobit 模型验证了我国财政分权和第二产业占比情况对外溢性公共品供给效率的影响，并进一步分析其传导机制。

5. 数量测算

在分解和测算政府间外溢性公共品供给结构平衡度时，本研究通过构建环境治理能力弹性系数指标分析了供给区域结构上存在的失衡，并在构建财政收入差异指标和财政支出差异指标的基础上，通过变异系数测算了目前我国地区间财力差异程度。

1.4.2　技术路线图

见图 1 - 3。

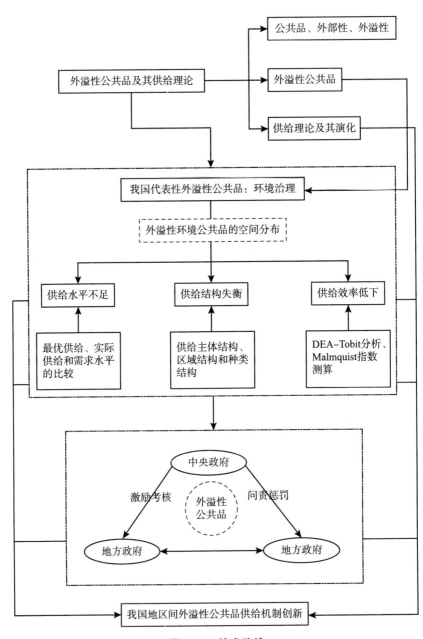

图1-3 技术路线

| 2 |

外溢性公共品及其供给理论分析

2.1 公共品、外部性与外溢性

2.1.1 公共品及其供给

1948年，萨缪尔森在讨论是由市场还是由政府来执行一种物品的分配或成本补偿时谈到，如果一种物品由非集权的市场进行分配，它就是私人物品；如果由政治程序或公共选择来分配，那么它就是集体物品。在他的著作中，集体物品等同于公共物品，因此这属于早期公共产品定义的雏形。随后，Samuelson 于1954年在其经典论文《公共支出的纯理论》（The Pure Theory of Public Expenditure）中，将"集体消费的产品"定义为公共产品，即每个个人消费这种产品不会导致别人对该产品消费的减少。从产品是否具有竞争性和排他性为视角划分的公共产品定义已经被理论界广泛认可和接受，用数学公式表达即是

$$X_{n+j} = X_{n+j}^i \qquad (2-1)$$

任何一个消费者 i，实际可支配的公共产品的数量就是该公共产品的总量 X。

随后，他进一步在论文《公共支出论图解》（Diagrammatic Exposition of a Theory of Public Expenditure）中构建了公共品的最优供给理论模型，分析了公共品在消费上的非竞争性（nonrivality）和受益上的非排他性（nonexcludablility），极大地推进了公共品理论的研究进展。Samuelson 专注研究以灯塔为代表的纯公共品，Tiebout（1956）则将外部经济引入到 Samuelson 的集体消费概念中，发现了一个更为宽泛的公共品定义，即公共品是一种能够被生产出来、却无法对相应的消费者进行合理收费的产品和服务。然而，在现实生活中，几乎不存在一种物品可以完全满足纯公共品的严格定义，即使是像国防和外交这类公共品，也不是每个人都可以获得同等的消费数量和质量（斯蒂文斯，1999）。对非纯公共品的研究源于 Buchanan（1965）提出的"俱乐部理论"（clubgoods theory），这一理论进一步拉近了萨缪尔森定义的纯公共品和纯私人品之间的距离。该理论认为，可以通过某些技术设计或制度安排来排除部分成员的参与以及搭便车行为，从而实现公共品消费的排他性，此时，俱乐部就能通过私人或自愿的途径提供公共品。然而，当俱乐部成员过多时，由于拥挤效应的存在又会影响消费者效用，因此俱乐部理论存在确定最优成员数量的问题。Oakland（1972）在俱乐部理论的基础上做了进一步研究，他发现，非竞争性是公共品区别于私人品的关键特征，当放松"增加一个消费者的边际成本为零"这一强假设，并假定增加一个消费者会给其他人带来一个拥挤成本时，这一类公共品就是拥挤性公共品，即消费者从拥挤性公共品获得的效用会因为其他人的使用而减少，典型例子就是拥堵的高速公路。不同于 Buchanan 的俱乐部理论，Oakland 给出了拥挤性公共品供给的帕累托最优条件。阿特金森和斯蒂格利茨（1994）将萨缪尔森的公共品纯理论性定义扩展到更贴近现实经济社会的一般性公共品定义。他们认为在现实世界中，纯公共品的例子极其少见，更一般的情况是，在保持该商品总支出不变的情况下，个体消费的增加不会使其他人的消费等量减少。比如一条很少使用的高速公路，个人的使用对于其他人的利益只存在轻微甚至可以忽略不计的侵蚀。

随着公共品理论的逐渐发展和完善，公共品可以从不同角度进行分类。第一，按照基本特征差异划分为纯公共品、准公共品和混合产品。由于某些产品的效益存在内部性，破坏了其非竞争性与非排他性的充分与完整，这部分产品就是准公共品，它又可以再进一步细分为俱乐部产品（club goods）和公共资源性物品（common resources）①。公共资源性物品是指具有竞争性和非

---

① Brown C V, Jackson P M. Public economics［M］. Oxford：Martin Robertson，1978.

排他性特征、由政府部分提供管制并调节的一类公共资源，比如公共牧场、海洋资源等。混合产品是指同时具有公共品和私人品特性的产品，其效用具有可分割性，因而可以实现"排他"，同时又具有明显的外部性。第二，按照物质形式可以将公共品划分为有形的公共物品和无形的公共服务①。通常而言，用来满足人们物质消费需求的公共物品具有显在的物质表现形式，比如城市基础设施；而那些用来满足人们精神文化消费需求的公共服务通常不具有显在的物质表现形式，比如国防、教育、文化宣传等。从这个角度出发，本书的研究对象同时包括了有形的外溢性公共物品和无形的外溢性公共服务。第三，根据公共品供给目的的差异可以将其分为经济性公共品和福利性公共品，前者主要包括那些服务于经济发展的生产型公共品，比如公共交通、公共能源等；后者主要包括那些旨在增加社会整体福利的消费型公共品，比如文化教育、医疗卫生、环境保护等②。第四，按照公共品的受益范围与行政辖区的吻合程度，可以将其分为闭合型公共品和非闭合型公共品③。闭合型公共品的受益范围仅限于一个特定行政辖区内，消费收益不存在不同辖区之间的溢出问题；反之，非闭合型公共品的消费收益并不局限于某个特定的行政辖区，而是会从供给辖区溢出到非供给辖区，此时就存在一个地区间公共品供给成本分摊问题。一般而言，效益的外溢性越大，就越应该由上级政府乃至中央政府来直接或间接承担其供给配置职责。闭合型与非闭合型公共品的差异，在一定程度上解释了政府间公共资源配置责任的划分原因以及政府多级管理体制和转移支付制度存在的必要性。见图 2－1。

对于公共品供给问题，始终存在三种争论。第一种是以萨缪尔森为代表的政府派，萨缪尔森认为，由于非竞争性和非排他性特征，公共品的供给和需求难以通过市场机制来反映，只有政府才能弥补这一缺陷。第二种是以科斯为代表的市场派，科斯（1960）认为，公共品是具有正外部性的产品，在公共品的生产与消费过程中，只要能够清晰地界定产权，那么市场机制就能

---

① 王郁，范莉莉. 环保公共服务均等化的内涵及其评价 [J]. 中国人口资源与环境，2012，22 (8)：55－62.

② 文雁兵. 政府规模的扩张偏向与福利效应——理论新假说与实证再检验 [J]. 中国工业经济，2014，(5)：31－43.

③ 卢洪友. 公共商品供给制度研究 [M]. 北京：中国财政经济出版社，2003：97.

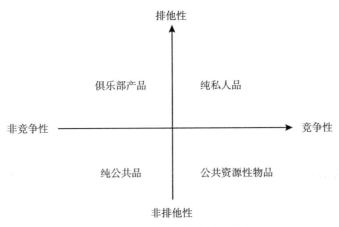

图 2-1 公共品按基本特征分类

产生公共品供给的自发效率解，并不需要政府干预。Demsetz（1970）也证明了在任何条件下公共品都可以由私人生产提供，之所以区分公共品和私人品，主要是为了划分政府和市场的活动范围边界，并不能由此得出政府供给公共品有效而市场供给没有效率的结论（斯蒂文斯，1999），由此产生了第三种游离于市场派和政府派之外的供给理论。Buchanan（1965）在其俱乐部理论中提出了相应的公共品自愿联合效率解，即俱乐部消费者可以通过自愿协商谈判的方式达成联合提供的有效契约，而不需要政府干预。奥斯特罗姆等（2000）认为公共品具有多经济属性、多层次和异质性特征，因此以提供公共品为基本职责的组织机构也应该是多中心的。

2.1.2 公共品与外部性

外部性（externality）是指除了交易双方以外的第三方所获得的、无法在价格中反应的成本或收益。西奇威克（1887）发现，在自由经济中，个人并不总是能够从他所提供的劳务行为中获得适当的报酬，虽然没有将外部性概念明确化，但事实上已经触及到了外部效应的基本内涵。受其影响，Marshall（1890）最早提出了外部经济的概念，即厂商在生产活动及其效益方面产生的、却无法在生产成本上得以反应的有益影响。随后，福利经济学创始人 Pigou（1920）对外部性展开了比较系统深入的研究，提出了内部经济、内部不经济、外部经济和外部不经济的概念，进一步解释了私人边际成本和社会边际成本、私人边际净收益和社会边际净收益之间的区别，并通过引用灯塔、环境污染、交通拥堵等例子对外部效应的"正"和"负"进行了明确区分。虽然外部性概念最早由 Marshall 提出，但直到 Pigou 以后才引起关注。Buchanan 和 Stubblebine（1962）给出了外部性的明确定义：当一个个体无差异曲线的形状和位置依赖于其他个体的消费时，消费上的外部性就产生了；同样地，当一个厂商的生产函数在某种程度上依赖于其他厂商的投入或产出量时，外部性也会出现。用公式表示就是

$$U^A = U^A(X_1, X_2, X_3, \cdots, X_m, Y_1) \qquad (2-2)$$

假设 A 与 B 属于同一社会群体，个体 A 的效用依赖于自身可控行为（X_1，X_2，X_3，$\cdots$，X_m），以及受控于其他个体 B 的行为 Y_1。

Scitovsky（1954）从性质差异上将外部经济划分为货币性外部经济（pecuniary external economies）和技术性外部经济（technological external economies），从而提供了一种不同于马歇尔的外部性概念。一方面，货币外部性包括源自市场环境的外部价格效应。这样，来自市场规模的影响就是构成货币性外部经济的重要因素。更具体地，其他条件不变时，市场越大，个体企业就可以不用降低价格而增加更多的产出。另一方面，当生产函数上存在相互依赖关系时，技术外部性就产生了，也就是说，一个企业的生产函数会外溢到其他企业。各种形式的创新扩散，比如模仿，就可以被描述为此类外部性。两种外部性的一个很大的区别在于，货币外部性的影响是通过价格机制在市场中广泛扩散，而技术外部性并非如此。在随后几十年里，对技术外部性的分析占据了主导地位。而后，Arrow（1962）从经济增长视角提出了外部性的另一个概念，随后被 Romer（1986，1990）进一步扩展，他们更倾向于在经济增长领域内探讨技术进步和知识外溢等类型的外部性。1980 年左右，外部性概念又重新回归，而这主要源于两个不同的原因：第一，它被用来解释专业化和贸易（Krugman，1979；Porter，1990）；第二，它在模型中被作为解释消费和生产空间集中化的主要因素（Fujita，1988；Krugman，1991）。

正外部性下，社会收益大于个人收益，市场均衡产量小于社会最优产量；负外部性下，社会成本大于个人成本，市场上最终的供给量会超过最优产量。也就是说，只要存在外部性，资源配置就不是有效率的。目前，存在两种不

同路径解决外部性问题①。第一种是基于一般均衡分析的现代福利经济学理论，通过从瓦尔拉斯一般均衡系统中获取的最大福利解来评估真实的经济绩效，以庇古税手段为主。第二种路径以科斯定理为基础，认为在某些条件下，可以通过当事人之间的协商谈判来矫正外部性或非效率问题，从而达到社会效益的最大化，包括自由协商、排污许可交易等。尽管外部性理论普及非常广，也经过了不断的整合与修正，但是在外部性内部化问题上，以科斯产权定理为代表的新制度经济学和以庇古税为代表的新古典主义之间的碰撞与交锋，使得该理论仍具有进一步深化与拓展的空间。

斯蒂格利茨（2005）从纯公共品和纯私人品之间的特征差异着手分析了公共品和外部性的特征。对于纯公共品，如果一个人购买得越多，那么所有人对该产品的消费会增加同样数量。而对于纯私人品，即使增加购买量，其他人也不受影响（至少不会受到直接影响）。而那些消费会带来外部性的产品，也具有影响其他人的特征（不一定是同等数量的影响）。从这一视角出发，外部性可以被视为非纯公共品的一种形式，或者换一种更好的说法，即公共品可以被视为正外部性的极端情形②。我们可以从数学角度来描述这一问题：对于纯私人品，个体 J 的个人效用仅取决于他自己的购买量 X_j；对于纯公共品，J 的效用取决于所有人购买量的总和 $X_1 + X_2 + \cdots + X_j + \cdots + X_n$。当存在外部性时，J 的效用更多地取决于他自己的购买，但也可能较少地取决于其他人的购买，比如，它有可能取决于 $aX_1 + aX_2 + \cdots + X_j + \cdots + aX_n$，其中，a 是一个很小的系数。罗森（2009）也明确指出，"公用品可以被看做是一种特殊的外部性"③。具体而言，当一个人创造了一种有益于经济中每个人的正外部性时，这种外部性就是纯公共品。然而，某些特定情况下，受益范围的大小使得公共品和外部性之间的界限更加模糊化。比如一个人在自家阳台上种了很多鲜花，如果整个社区都能因为花香而感到心情愉悦，那么这些花其实就是社区里的纯公共品，而当只有少数几个邻居受到影响时，那么只能说它具有正外部性。虽然从形式上看，正的外部性和公共品颇为相似，

---

① Dahlman C J. The problem of externality [J]. Journal of law and economics，1979，22（1）：141 – 162.

② 萨缪尔森，诺德豪斯. 经济学（第 18 版）[M]. 北京：人民邮电出版社，2008：32.

③ 哈维·罗森. 财政学（第 8 版）[M]. 北京：中国人民大学出版社，2009：72.

但是在实践中还是应该将它们区别开来。

所有的公共品都具有不同程度的正外部性，但并不是所有具有正外部性的产品都是公共品，它还有可能是具有正外部性的私人品。公共品的特征之一非排他性是典型的私人边际收益大于社会边际收益、私人边际成本小于社会边际成本的情况，而其非竞争性意味着增加一个人的消费不会引起生产成本的增加，即生产成本是既定的，所以某一公共品的提供对所有消费者都会产生外部性。因此在这一点上，任何产品的生产与提供都会产生一定的外部性，只是每种产品产生的外部性程度不同，公共品则是带来外部性的极端情况。然而，二者的区别在于，公共品强调的是消费和使用过程中的非排他和非竞争，属于产品本身的属性，本质在于如何使公共品的供给更加合理有效；而外部性强调的是个体经济行为给其他行为主体带来的收益或成本问题，是某一经济行为的存在所产生的影响，其本质在于怎样更合理地在行为主体之间分摊成本或共享收益，以达到资源的最优配置。见图 2 - 2。

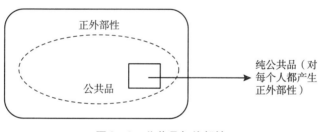

图 2 - 2 公共品与外部性

2.1.3 外部性与外溢性

外部性在福利经济学和经济政策理论领域始终占据着主导地位，它具有多种形式，包括外部经济和外部不经济、边际社会成本和边际私人成本之间的差异、外溢性和邻域效应（neighbourhood effect）以及集体产品或公共品等，可见外溢性只是外部性众多形式中的一种特例。外溢性概念最早被用于阐述两个个体之间的关系，随后被逐渐运用到国家、郡县等其他类型的主体上（Cornes & Sandler，1986）。比如两个国家之间以一条被污染的河流为边界，当只有一个国家支付成本治理污染时，没有支付成本的国家就享受到了治污行为的收益外溢性。

外溢性作为外部性的形式之一①，其本身属于经济学一个极具争议却又无处不在的概念，它是个人活动向他人提供的未被补偿或无须补偿的收益。溢出效益并非有意供给，这些收益也绝非是利他主义的结果。相反的，它们是附带产生的"额外之物"——出于私人目的而向他人溢出的结果。虽然外溢性看上去好像对个人不重要，但是对整个经济社会而言，它就是一个无处不在的"福利"，对社会福利体系具有十分重要的影响。

Frischmann 和 Lemley（2007）认为可以将外溢性看做"私人回报和社会回报之间的差异"，但是并不是所有的外溢性都会构成私人回报和社会回报之间的楔子（wedge）。与外部性的划分类似，那些确实会产生楔子的外溢性被看做是"真实的"或"技术"外部性（real or technological externalities），而那些不会产生楔子的外溢性则被认为是货币性外部性。前者会影响社会净福利，而后者只会影响分配结果（比如盈余在生产者和消费者之间的分配）。这样看来，环境治理外溢性就属于技术外部性的范畴。根据产权理论可知，外溢性是不好的，因为它们在私人价值和社会价值之间安置了一个楔子，并且妨碍了具有完全信息的独立个体做出最优决策。从供给层面来说，外溢性是那些原本应该被捕捉却未被捕捉到的用以增加投资激励的收益；从需求层面来说，外溢性反映了那些未被观察到的、丢失了的消费者需求信号，而这一信号无法正确引导投资和管理决策。

在外溢性种类划分上，根据外溢性的正负相关性，可以将其分为正外溢性和负外溢性。在正外溢性下，相关主体之间可以相互强化，利益共享；而在负外溢性下，相关主体会产生不一致且互相冲突，需要分摊成本。因此从这一视角出发，外溢性又可以分为收益外溢和成本外溢。根据选定的研究对象和研究空间，还可以将外溢性进一步分为外部外溢性（external spillover）和内部外溢性（internal spillover）。在外部外溢性中，外溢效应同时发生于发源地和其他地区；而在内部外溢性中，外溢效应只发生在发源地区内部，此时我们就认为这是一个被本地局部化（localized）了的外溢性。比如以国家为研究空间，那么某种公共品在该国内形成的外溢性就属于内部外溢性，而

---

① 一小部分学者认为外部性可以直接叫做第三方效应和外溢性，即外部性和外溢性是等价的。

通过国家交流与合作等渠道对其他国家造成的额外影响，就属于外部外溢性。
Solé–Ollé（2006）还将地方政府在公共品上的支出政策带来的外溢性进一步
区分为两种类型：来自于地方公共品供给的收益外溢（benefit spillovers）和
来自于相邻辖区居民带来的设施拥挤造成的拥挤性外溢（crowding spillo-
vers）。收益外溢假设代表性居民可以享受地方公共品在他们自己社区以及相
邻社区的消费。拥挤性外溢是考虑到一个地方的消费水平受到相邻地区居住
人口的影响，并非公共品供给的结果。如果物品和服务是拥挤性的，那么两
种类型的外溢性会同时产生。目前，对外溢性的分类研究主要围绕收益外溢、
支出外溢、成本外溢、拥挤性外溢等。

作为外部性的一种特殊情况，外溢性也具有外部性的基本共性，即正外
溢性和负外溢性的划分。而区别于一般外部性，外溢性的特性在于：

第一，更明确的相对性。与一般外部性相同，外溢性也涉及多个层面，
具体包括国家之间、地区之间（尤其是一国范围内各省各市之间）、行业之
间、企业之间和个体之间，等等；不同的是，外溢性是一个更细致的相对概
念，基于不同的研究视角，其分析框架和结果也大不相同。并且随着时间的
推移，以及公共品带来的积极影响的不断深入扩展，原来局限于某一个地区
内部的外溢性公共品有可能会扩展成区域性受益，而区域受益的外溢性公共
品也有可能从某种程度上成为一国居民都受益的全国性公共品，这些都增加
了对外溢程度和范围进行定量分析的难度。

第二，非瞬时性或动态性。外溢性，英文术语为"spillover"，也可以拆
分为一个动词词组，即"spill over"，因此从最初的字面理解就可以发现，外
溢效应并非瞬间发生，其基本特征之一在于某种要素"溢出"（spill）的这个
动态转移过程，这也加大了对外溢性展开定量分析的难度。因此，类似于灯
塔、公园里的音乐喷泉这样的公共品，在其落成之时就对所有人产生了外部
性，但由于没有明确的动态溢出过程，我们认为其更多的属于一般外部性特
征，而非外溢性。

第三，不对称性或方向性。外溢性所强调的动态过程，本身就暗含了溢
出的方向问题。由于绝大部分时候外溢性的发生并不能被人为调控，因此其
外溢程度上也很难达到绝对的对称性。以跨界污染为例，根据污染的溢出方
向，一般可以将其分为单向污染（unidirection pollution）和交叉污染（cross

pollution）。单向污染又称下游污染（downstream pollution），指一个企业、地区或国家排放污染物，却同时损害了一个或多个相邻地区的环境质量。现实生活中，单向污染随处可见，主要包括上游工厂或农民使用化学品或肥料却污染了下游国家或地区、一个地区工业生产活动产生的酸雨污染了其相邻地区的土壤等等。在交叉污染问题中，几乎所有地区都会由于经济增长的原因而或多或少的排放污染物，并且几乎所有地区都深受其害。最为典型的例子就是导致全球变暖的温室气体的排放。

第四，空间距离衰减性。在现实世界中，空间特征是人类行为和生态现象的重要决定因素。外溢效应的动态性和方向性都暗示了一个空间关联系统的存在。Audretsch（1998）、Audretsch 和 Feldman（1996）都曾指出，外溢性有一个受限的地理维度，或者说，至少会随着距离衰减。一方面，空间距离衰减特性的存在，验证和强化了集群发展的必要性；另一方面，随着互联网等信息技术的发展，特定领域的空间距离衰减特征被略微弱化。空间距离衰减最典型的就是知识外溢[1]过程中在空间延伸上的旺盛期、"半衰期"[2]（half-life）和"消亡期"。

2.2 外溢性公共品的界定、形式及特征

2.2.1 外溢性公共品的界定与演化

外溢性公共品属于公共品的特殊形式之一，对外溢性公共品的研究必然要追溯到公共品基本理论。Samuelson（1954，1955）较早地给出了纯地方公共品的定义。他认为一个纯地方公共品可以被所有居民平等地享有，而和他们在城市居住的位置不相关，并且不会带来"在何处供给"的问题。然而，

---

① Anselin 等（1997）证明了知识外溢的空间范围受限于有限的相邻地区或在给定最大距离范围内的地区。

② Keller（2002）为欧洲五个工业大国的 R&D 的知识外溢性的空间衰变赋值发现，知识外溢的"半衰期"（half-life）（在这个距离内一半的知识外溢性被侵蚀）大概为 1200 千米左右。

当居民来自某项公共品的收益随着居住地点的不同而发生改变时，外溢性公共品便应运而生了。

自 20 世纪 60 年代开始，大量学术著作都试图通过规则和制度设计来提炼个人对公共品的偏好信息。大量的理论和实证文献都关注两类经典模型：对所有个人都有益的纯公共品的供给和只能使一个辖区居民受益的地方公共品的供给。Brown 和 Jackson（1978）就根据公共品外部性的范围大小将其分为全国性公共品和地方公共品。全国性公共品的成本和收益由全国居民共同分担，应由中央政府提供，而地方公共品的成本和收益仅局限在某个特定地区，应由地方政府自行供给。

然而，随着相关理论和实证方法的逐渐成熟，学者们开始注意到这样一个现象：并非所有公共品都可以简单地划分为全国性公共品或地方公共品，比如类似环境治理这样的辖区外溢性公共品，其成本和收益更多地属于地方与地方之间或地方与中央之间共担或共享，换句话说，由地方政府供给的服务可能并不会受限于提供服务的辖区范围内，那么就可以合理假设，这些服务的供给也会对相邻辖区居民产生一定的溢出效应。也就是说，在这两种经典模型之间还存在一种"中间"情况，即个人被划分到某一个辖区，但却可以享受不同辖区供给的公共品带来的正的外溢效应，换而言之，当公共品具有外溢性时，就产生了一种由一个辖区供给却使多个辖区受益的外溢性公共品。由于外溢性概念本身具有不确定性，且难以规范，因此对外溢性公共品的清晰界定也显得十分困难。一方面，相比于国家层面，外溢性主要发生在地方（Barrios et al.，2005；Girma & Wakelin，2001；Driffield，2001）；另一方面，根据外溢性的空间距离衰减特性，（一国内的）外溢性公共品属于地方公共品范畴。由于公共品本身或多或少地具有正的外部性，而只有当这一外部性显著集中于不同地区间时，这一公共品才具有了地区间外溢性特征，因此本研究沿用刘蓉等（2014）的界定，认为"当某一地区的公共品对于其他地区产生显著的溢出效应时"[①]，就称之为地区间外溢性公共品。这样，从广义上理解，凡是收益具有跨界外溢性的公共品都可以纳入外溢性公共品的范畴之内，因此，外溢性公共品内容丰富，种类繁多，并且可以从以下几个

---

① 刘蓉，刘楠楠，黄策. 地区间外溢性公共品的供给承诺与匹配率研究 [J]. 经济研究，2013（10）：112 – 123.

方面进一步细分：第一，以外溢性公共品的不同用途为标准划分为生产型外溢性公共品和生活型外溢性公共品。生产型外溢性公共品主要包括跨区域大型基础设施建设、跨界流域防洪防涝设施建设、区域大型防护林建设等；而生活型外溢性公共品主要指那些由于人口流动而引起收益外溢的生活服务类公共品，包括基础教育、医疗卫生服务、城市绿化、节能减排等。第二，以公共品外溢范围为标准划分为全球公共品、全国性公共品和地方性公共品。由于性质不同，公共品的外溢程度也有所差异。全球公共品的受益范围包括所有国家的居民，比如减少碳排放以限制全球变暖的行动；全国性公共品的受益范围仅在一国之内，比如国防、外交等；地方性公共品的受益范围局限于某一个地域，比如区域或流域环境治理。然而，即使是这样，公共品外溢程度也并不会严格局限于行政辖区边界。第三，以城市和农村为划分标准，也可以分为城市外溢性公共品和农村外溢性公共品。

对外溢性公共品的关注最早起源于国际性区域经济的相互作用，比如技术知识的扩散、全球碳排放协议的签订等。在国际化趋势下，每个国家的经济社会选择都会对其他国家产生重要影响。单独就一国范围内的外溢性公共品而言，由于各地区在经济社会发展情况、产业结构、自然禀赋、地理位置等方面都存在或多或少的差异，地区异质性使得辖区间的成本或收益外溢现象比较常见。通常情况下，越是幅员辽阔、地区差异显著的大国，外溢性公共品问题就越普遍。因此，我国作为最大的发展中国家，随着全球化和区域化步伐的加速，外溢性公共品问题变得相当复杂。能否恰当合理地协调我国地区间外溢性公共品供给问题，直接涉及共享发展与民生目标的实现，以及全面小康社会目标的落实。

2.2.2 外溢性公共品的溢出渠道与基本共性

1. 地区间外溢性公共品的溢出渠道

第一，消费群体的流动和迁徙。由于外溢性公共品带来的收益最终都会分摊到个人消费者身上，因此附带着这部分收益的消费群体的自然流动和迁徙就必然会造成收益外溢，对于那些人身依附性较强的公共品，其外溢性就更明显，比如休闲文化（Lundberg，2006）、环境污染控制服务（Solé – Ollé，2006）、公共教育（Holtmann，1966）、社会保障等基本公共品。享受公共物品或公共服务的个人在不同行政辖区长期或短暂停留，都会使原本可以本地化的公共品具有外溢性公共品的特征。比如居民在 A 地享受公共教育服务，获得相应的收益即人力资本之后，迁移到 B 地，那么 A 地教育支出的收益就外溢到了 B 地，换而言之，A 地的公共教育支出就在一定程度上具有外溢性。即使在我国严格的行政辖区和户籍制度的限制下，通过消费群体的流动和迁徙而自然产生的外溢性也十分突出。

第二，生产要素的流动和更新。具有各种技能知识、业务经验、组织管理能力的专业人才和劳动力的自由流动，可以传播新知识，从而提高要素流入地的生产效率。同时劳动力的区际流动可以通过改变要素价格的相对情况影响区域产业结构的发展；技术一般以知识的形态存在，知识的扩散和流动可以加快发源地新思想和新技术被其他地区复制、模仿的速度，从而激发创新意识，强化地区之间的集群发展战略；资本要素的流动具有趋利性，总体上呈现出从资本富裕地区流向资本稀缺地区的趋势，因此资本合理的空间流动可以提高资本边际收益，从而产生资本的规模效应，提高落后地区的发展水平，优化经济结构。因此包括劳动力、技术、知识、资本等生产要素的流动是最显著的溢出渠道之一（Anselin et al.，1997；Keller，2002；Bahar et al.，2014）。

第三，政策互动。从公共品的供给方出发，各地政府之间在税收、支出、产业发展等政策上的互动，构成了外溢性公共品的溢出渠道。一方面，受经济政治因素影响，地区之间比较容易形成税收竞争、支出竞争等局面，尤其是相邻地区，相互影响的程度更大，更容易形成公共品成本或收益的空间溢出（Pauly，1970；Arnott & Grieson，1981），比如地区之间就环境保护展开的支出竞争就会强化支出收益在相关地区之间的外溢效应。另一方面，除了竞争以外，在上级政府的协调下，各地之间可以就某项公共品的供给达成合作协议，这样，该公共品的受益范围就自然扩大到整个合作地区范围内，比如京津冀地区就大气污染展开的联防联控机制就赋予其中某一个地区提供的环境公共品外溢性的特征。

第四，空间距离邻近。部分公共品本身就具有跨地区流动的倾向或特征，这就使得空间距离上的邻近性（proximity）自然就成为一种特殊的溢出机制，正如 Batabyal 和 Nijkamp（2004）所言，空间本身就是外溢性分布的一种媒介，类似于军事联盟（Murdoch et al.，1991）、消防队（Hanes，2002）以及涉及多地区的大江大河的治理等，其收益外溢性都离不开空间距离上的相邻关系。由于交通成本、信息成本等的存在，消费群体迁徙、生产要素流动以及政策互动等都会受到各主体间空间距离的影响，因此相邻地区之间的外溢性就变得更为明显和突出。

第五，其他渠道。各地行业企业之间的贸易往来可以改变产品的相对价格并影响地区居民的消费习惯，扭曲其对公共品的需求偏好，从而对相关地区产生外溢影响，因此这种贸易往来也属于一种特殊的溢出渠道。此外，新时期信息网络的发展在一定程度上也承担了部分公共品溢出效应的外溢媒介，比如网络问政平台。

2. 外溢性公共品的基本共性

第一，时空上显著的溢出效应。外溢性公共品最典型的特征就在于其收益在时间或空间上的溢出效应。正是这种方向明确的动态转移过程，使其与一般外部性或公共品区分开来。以环境公共品为例，由于环境的流动性和不稳定性，环境公共品的作用范围并不严格与其地理位置相一致，总有部分环境公共品的外部性会向辖区外溢出，对相邻甚至地理上不相邻的地区产生额外影响。环境公共品在空间上的外溢性主要包括两种途径：第一种为自然的物理循环系统，比如大气环流、河水流动等；第二种为人为的被动外溢，通过自由贸易、交通运输、旅行等途径实现溢出，比如通过贸易形成的"污染避难所"假说（pollution haven hypothesis），经济发达的地区将污染外溢到了经济落后地区。

第二，供给责任模糊。公共品的非竞争性与非排他性本身就会带来搭便车问题，而现实生活中，溢出效应的存在使得公共品必然会或多或少地跨越某一固定的行政边界，这就使得相关联地区对该公共品的供给责任无法明晰，到底应该由哪一级或者哪一个政府来承担何种程度的职责并不是个一目了然的问题，同时，各地或各级政府出于自身利益，往往都倾向于推卸和逃避责任，使该外溢性公共品的供给职责变得更加模糊。

第三，居民可以约束政府的供给行为。由于收益外溢的存在，社区居民可以通过"用手投票"和"用脚投票"的办法来约束政府的供给行为。即使在严格的户籍制度下，居民也可以通过迁徙移民等方式来选择所偏好的公共品，从而对居住地地方政府形成一定的制约。

2.2.3 地区间外溢性公共品的几种典型形式及其特性

本研究采用广义的公共品定义，将私人品以外、具有一定程度的非竞争性或非排他性、大部分由政府部门供给、以增进公共利益为目的的物品或服务都统称为公共品。这样，图2-1中划分的纯公共品、包括俱乐部产品和公共资源性物品在内的准公共品以及混合产品就都在本研究所定义的宽泛的公共品概念范围内。因此，环境保护、文体科教、医疗卫生、国防外交等物品与服务就都具有公共品性质。这样，基于上述界定，由于环境、教育与医疗的供给收益极易影响不相关的第三方群体，具有较强的外部性，因此都属于典型的外溢性公共品。

1. 环境公共品

（1）环境公共品的界定及理论分析

从公共经济学视角出发，环境属于一种特殊的公共品，与一般公共品相同，环境公共品也具有消费上的非竞争性和受益上的非排他性。尤其是环境污染治理，基本具有纯公共品的所有典型特征。具体而言，环境公共品是指具有典型公共品特征的各种环境物品和环境服务，比如清新空气、环境保护、污染治理、环境制度、环境政策等。个人无法阻止他人呼吸新鲜空气，而他人对新鲜空气的"使用"也不会影响自己相应的"消费量"。

环境公共品既具有一般公共品的基本共性，又同时具有环境资源本身的特殊性，因此除了公共品理论外，其基本内涵和根本立足点主要源于两大理论：共同产权理论（common property）和公地悲剧理论（tragedy of the commons）。首先，虽然共同产权资源对于全社会而言是稀缺产品，但是对于个人而言就是免费产品。具体而言，当一项自然资源在物理和法律上对不只一个资源使用者开放时，其结果就是该资源变成了对所有人免费，所有使用者都会相互竞争以获得更大的份额，即使这一行为有可能伤害资源、社会甚至自身的利益。这就是 Gordon（1991）著名的"共同产权等于没有产权"理论①。而环境公共品尤其是环境资源，由于具有天然物品的属性，每个人都有权占有，就容易出现共同产权的困境。其次，Hardin（1968）在阐述"公地的悲剧"理论②时指出，在信奉公用地自由化的社会中，制度迫使追求自身利益最大化的个人在有限范围内无节制地增加牲畜，这样，毁灭就成了所有人奔向的目的地③。在环境领域，Ophuls（1973）认为，公地悲剧的存在使得环境问题无法通过合作解决，这就赋予了具有较大强制性权利的政府存在的合理性。因此，他认为，只有在悲剧性地把利维坦作为唯一手段时才能避免公地的悲剧④。在环境公共品领域内，这两种理论是相伴而生、相互影响的。

（2）环境公共品的特性

第一，供给抵消效应。在环境公共品领域，一个代理人可能不仅不会捐献相应的公共品，甚至还有可能减少别人捐献的已有公共品的供给量。比如，在全球范围内，当一个国家增加自己的污染排放量时，就会抵消其他国家做出的减排努力，从而减少了全球环境公共品的供给。这样，不同于标准的纯公共品模型，此时就不存在一个代理人或代理人联盟通过自己生产或供给公共品来保证最小的回报。正是出于这一原因，在分析环境公共品时，就需要扩展公共品的基本理论和框架。

第二，较强的正外部性。对环境公共品的研究最早就是源于外部性理论，Ciriacy – Wantrup（1947）观察到某些类似于减少河流淤泥等行为所产生的正外部性是一种环境公共品。一般而言，环境公共品通常具有较强的正外部性，减排、治污、绿化等都会对第三方带来无法补偿的收益。此外，环境公共品

---

① 英文原文为"everybody's property is nobody's property"，具体参见 Gordon H S. The economic theory of a common-property resource：the fishery［J］. Bulletin of mathematical biology，1991，53（1）：231 – 252.

② 奥斯特罗姆认为"公地的悲剧"实际上应该被描述为"开放进入的悲剧"（tragedy of open access），哈丁讨论的场景是没有规则约束情况下的资源使用，这是非常罕见的情况。事实上，多数公共池塘资源都有一系列规制管制，只是规则的起源不同而已。

③ 此为哈丁提出的著名的公地悲剧理论。具体参见 Hardin G. The tragedy of the commons［J］. Science，1968，162（3859）：1243 – 1248.

④ Ophuls W. Leviathan or oblivion［J］. In Daly，H（ed）Towards a Steady State Economy. San Francisco：W H Freeman and Co，1973.

的正外部性还具有很强的代际特征，这也使得环境治理行为具有"功在当代、利在千秋"的效果。

第三，非市场交易性。由于环境物品本身的自然属性，加之环境公共品较强的正外部性，使得环境公共品的经营者或提供者无法通过市场来完全实现环境公共品的货币价值，即不存在环境公共品的相关市场来反映其价格，因此不具有市场交易功能，这一特征主要源于环境公共品的效益大小、受益主体和产权等都无法明确界定。

第四，人为作用较强。不同于一般单一的纯公共品，环境公共品同时具有自然属性、经济属性和社会属性等多种性质，这些都使得环境公共品和人类各种行为活动密不可分。同时，由于各种环境要素所覆盖的空间地理范围各不相同，人为参与度和作用力不断加强，就使得某些环境公共品的性质也在逐渐随着现代社会的转型而发生着本质变化。比如，在过去，水资源、森林资源、海洋资源等都属于"取之不尽用之不竭"、既非私人物品也非纯公益品的"免费物品"，而现在由于人类不断的过度开发，这些资源已经成为具有一定稀缺性的"经济物品"，同时也使得传统的无偿消费逐渐被付费买单所取代。

此外，环境公共品种类多样，覆盖面广，不同的利益群体具有不同的环境公共品需求。由于环境本身与每个人息息相关，并且随着社会经济的不断发展，社会公众对环境公共品的需求也逐渐扩大化、明显化和复杂化。

（3）环境公共品的分类

第一，从环境公共品的特性出发，可以根据其环境属性特征将其分为自然属性类环境公共品和社会属性类环境公共品。自然属性类环境公共品包括清新的空气、干净的河流、茂密的森林等自然物，大部分由自然界天然生成；而社会属性类环境公共品包含了与环境有关的社会、经济、文化等各方面，比如城市公园、污染检测器等，它的生产和供给则主要由政府、市场、非政府组织及社会公众等来完成。虽然两类环境公共品在生产供给等环节具有很大的差异，但从本质上而言，二者的基本特征是相同的，都具有非竞争性和非排他性。

第二，根据受益范围将环境公共品分为国际性环境公共品、全国性环境公共品和地方性环境公共品。"千禧年"后，随着全球化步伐的加快以及对全球公共品研究的深入，国际性环境公共品也逐渐引起了人们的关注。它主要包括国际环境治理、海洋资源等，比如 1988 年为解决臭氧空洞危机制定的《蒙特利尔协议》、1997 年限制全球温室气体排放的《京都议定书》等。全国性环境公共品主要是指一国范围内的环境资源、环境治理等公共品，比如国家森林公园、全国性环境政策法规等。地方性环境公共品的范围又进一步缩小，可能局限于某一个省、某地级市，甚至某个社区。

此外，根据研究的需要，还可以将环境公共品直接分为城市环境公共品和农村环境公共品，或者根据使用价值的具体形式，将环境公共品分为自然性、实体性、文化性和服务性环境公共品。

2. 教育公共品

教育是民生之基，而提供和管理教育早已经成为政府职能的重要组成部分。早在 1962 年，阿罗（Arrow）就明确了知识的公共品特征，并提出了知识可以从一个经济体外溢到另一个经济体的假设，随后这一假设被广泛认可。因此，作为知识的载体，教育公共品就属于外溢性公共品的一种典型形式，具有以下特性。

第一，具有混合品性质。在一定的制度安排下，教育具有介于纯公共品和私人品之间的混合品属性，并且不同层次类型的教育产品因其提供方式以及社会收益率的差异而具有不同的属性。由政府提供的义务教育、特殊教育等，具有纯公共品的性质，是具有较高社会收益率和强正外部效应的公共品；由政府投资建立的各类中高等学校或由社会团体、集体组织等为成员设立的学校，则具有准公共品的性质，此时，教育就变成了准公共品中的俱乐部产品，具有排他性和非竞争性；个人自费参加的补习班、培训班提供的教育产品等则是纯私人品，但也同样具有较强的正外部性。

第二，具有跨代外溢性，容易形成巨大的社会效益。个体在接受教育后，不仅自身可以获得经济或非经济效益，同时其下一代甚至整个社会都可以获得一定的福利效益，因此，通过普及教育来提高国民素质和生产力是每个国家的必然选择。同时，知识技术的发明与革新可以推动整个社会的进步与发展，两次工业革命就是最典型的例子。

第三，个体偏好差异较大。由于教育的作用主要在于提供精神食粮，因此并不是所有人对教育的需求都是一致的。一般而言，在经济发展落后的地区，人们更希望解决基本的温饱问题，对教育的需求相对较小。只有当收入水平达到一定程度时，人们才会对教育产生额外需求。因此在部分国家或地区，教育具有一定的强制性，比如九年义务教育。此外，需求旺盛群体对教育选择权的充分利用，会导致优质公共教育资源的拥堵，造成不必要的效率损失。

根据教育公共品的性质特征，可以将教育公共品分为纯公共品和准公共品或俱乐部产品，前者主要是具有强制性的义务教育，后者指具有一定进入门槛的中高等教育等。另外，从基本形态的差异出发，教育公共品还可以分为有形的教育公共品和无形的教育公共品。前者主要指固定资产类，包括校舍等基础设施；后者包括没有具体实物形态的知识、技术等，而这些往往需要以人为载体。

3. 医疗公共品

医疗物品和医疗服务是保障健康的基本前提，健康与教育同样都是构成人力资本的关键要素，健康资本与智力资本同等重要，都具有一定程度的非竞争性和非排他性以及显著的正外部性。医疗公共品作为外溢性公共品的典型形式之一，具有以下特性。

第一，个体需求旺盛且具有突发性。根据马斯洛需求层次理论，医疗属于人类最原始最基本的生理需求，具有较强的民生性质。对基本医疗的需求并不会受收入水平、受教育程度等因素的影响，但不同群体对高质量的医疗需求程度却会因人而异。因此，基本医疗服务在某种程度上属于生活必需品范畴，医疗支出在个体消费中具有较强的刚性，这样，对于需求极其旺盛的群体而言，"用脚投票"就十分明显。对于身体健康的人而言，医疗需求可能短期内并不显著，一旦发生疾病等意外，其突发性医疗需求就会变得非常旺盛。

第二，具有混合品性质。与教育公共品类似，医疗公共品具有介于纯公共品和私人品之间的混合品属性，并且不同层次和类型的医疗服务因其提供方式的不同而具有不同的属性。完全由政府提供的基本公共医疗服务，属于纯公共品范畴；而现实中很多顶尖医院由于资源有限常常出现拥挤现象，此时则具有拥挤性公共品属性。此外，随着经济社会的发展，部分医疗公共品已经逐渐演化成为私人产品，比如高级私人护理服务等。

第三，地区间供给数量和质量差异较大，因此其时空上的外溢性主要源于需求群体在地区间的流动。由于医疗机构分类较细，且医疗水平差异也比较大，因此根据医疗需求程度的不同等级，人们会在不同层次的医疗机构之间进行选择，从一般的乡镇诊所到全国最顶尖的医院，必然就会造成人口在地区间的流动。

第四，存在严重的信息不对称和市场失灵。医疗公共品的生产和消费上都存在严重的信息不对称问题，并且信息的搜寻、甄别和使用均需要支付一定的成本，此时信息优势方很容易形成"供方诱导需求"倾向，即医生利用其信息优势，通过降低质量或夸大性能来诱导病人过度消费医疗公共品，从而构成垄断谋取私利，形成了市场失灵，这也是需要政府干预和管制的原因之一。

与教育公共品类似，医疗公共品也可以根据其实体形态分为有形的医疗公共品和无形的医疗公共品。前者是指医疗设备、床位等，后者主要是指以医生为载体的医学知识。

此外，由于外溢性是基础设施的一个共同特点，且存在于很多方面，因此公共品的相关基础设施建设本身也可以看做一种外溢性公共品（McCann & Shefer，2004）。

2.3 外溢性公共品供给理论及其演化

经济体在地理空间上被划分为不同的区域，每一个区域范围内都至少存在一项地方公共品。对于这部分公共品供给的标准理论，从 Lindahl（1919）到 Samuelson（1954）再到 Foley（1970），都提供了一套公共品效率上的清晰而严格的特征描述。然而现实是，某些公共品会使辖区内居民受益，同时也会对其他辖区产生收益外溢效应，目前对于这部分外溢性公共品的供给理论却至今仍未形成体系。

2.3.1 分权式供给

Musgrave（1959）将政府活动分为三个功能或分支：宏观经济稳定、收入再分配和资源配置。稳定功能和分配功能通常由中央政府承担，资源配置功能只有中央以下层级政府才能起到重要作用。具体而言，由于地方政府代表了本地选民的偏好和需求，因此就应该允许中央以下的政府可以根据居民偏好的不同而制定不同的政策，即由地方政府负责供给外溢程度较小的公共品。外溢性公共品供给制度设计的首要问题与财政体制严密相关，即集权式供给还是分权式供给①。对于这一问题，Oates（1972）给出了正式化的标准解答。他假设，在每一种制度下，政府的目标都是最大化选民的总盈余，在集权制度下，政府为每个辖区制定一个统一的公共支出水平。其缺陷在于"一刀切"的产出结果并不能反应地方的异质性需求。然而，一旦放松对中央政府必须选择统一的公共支出水平这一约束条件，集权式供给就更受青睐。在分权制度下，地方政府会忽视流向其他辖区的收益，当存在外溢性时，该公共品就会供给不足，并且不足的程度随着外溢性程度的增加而增加。显然，Oates 的分权理论表明，当不存在外溢性时，公共品的分权式供给制度更受欢迎。即如果分权可以帮助社区利用公共品供给偏好上的异质性，那么分权就可以提高效率。否则，这一问题就变成了依赖于偏好异质性和外溢性程度的制度权衡。Besley 和 Coate（2003）重新审视这一权衡发现，在集权制下，地方公共支出的成本分享将会造成不同辖区间居民的利益冲突。当由本地选民代表构成的立法机构作出支出决策时，这种利益冲突在立法机关内将逐渐消减。最终结果可能是公共支出过度，或者是以跨区不确定性和不合理分配为特征的公共品分配，而这都依赖于立法机关的行为。因此，辖区间利益冲突的程度受外溢性和公共支出偏好差异的影响。这样，集权制度和分权制度的相对表现都依赖于外溢性和公共支出偏好差异。具体而言，在区域同质前提下，当外溢性很小时分权更优，当外溢性很大时，集权更优；在区域异质前提下，当外溢性很小时，分权仍然是最优的，而此时当外溢性很大时结果就

---

① 集权制度下，由一个中央政府来做出支出决策，从一般收入中融资；在分权制度下，由地方政府做出支出决策并用地方税收为其融资。

不明确了。

随着财政联邦主义的提出，分权已经成为很多学者和实践家提出的作为改善公共品供给现状的共识，它意味着公共品的供给职责应该分配给较低层级的地方政府。地方政府的主要优势在于信息获取的及时性、准确性和便利性，这是因为地方政府更接近本辖区居民，因此在偏好、需求、支付意愿、纳税能力等信息方面，更容易搜集并利用这些信息来有效地提供公共品，并进一步实现与本地区相适应的制度安排，因此，在很多重要的情况下，即使完全缺乏更高层政府的矫正性干预或科斯式的讨价还价协调制度，分权式的政策决策也可能获得有效的资源配置。尤其是在环境治理层面，只要外溢性不是太高，那么相对于政府在异质性下集中设置统一污染指标而言，分权更能提高效率①。然而，由于分权允许地方忽略政府行为强加给其他辖区的外部性，并会进一步引起管理机构上的重复设置问题，因此当存在辖区间外溢性时，分权式政策决策可能确实在某种情况下会产生低效率的结果。一旦辖区开始单方面决策时，由国际性组织发起的旨在改善公共品供给质量的分权活动实际上可能反而会加剧跨界外溢性。而在一国范围内，收益外溢就会导致地方政府在提供外溢性公共品时常常会存在供给质量问题，包括水平不足、结构失衡和效率低下等。

对于分权式供给下地方政府外溢性公共品供给质量低下的原因，主要可以归为三种理论：第一，外溢性本身的特殊性引致的搭便车行为弱化了地方政府的供给激励。第二，地方政府之间的竞争行为也是外溢性公共品供给不足的原因之一。大量的经验证据表明，外溢性会使第三方受益，包括竞争者以及潜在竞争者。因此，在各自为政和本辖区利益最大化的前提下，各地方政府往往倾向于选择忽视收益具有外溢性的这部分公共品，这样，地区间的竞争行为就容易导致外溢性公共品供给不足；第三，地方政府自身的财力受限也使其在外溢性公共品的供给上心有余而力不足。此时，中央政府的重要性就得以凸显，尤其是中央财政补贴、转移支付等政策工具对这些效率损失的弥补作用。

---

① List J A, Mason C F. Optimal institutional arrangements for transboundary pollutants in a second-best world: evidence from a differential game with asymmetric players [J]. Journal of environmental economics and management, 2001, 42 (3): 277-296.

2.3.2　集权式供给

传统分析都认为，地方公共品的收益外溢将导致辖区政府提供次优水平的公共品，改善的交通、通信和日益增加的地理流动性可能引起一些地方政府活动外部收益的增加，因此，外溢性公共品的地方供给更应该由中央政府制定相应政策来强化，尤其是溢出到辖区边界之外的收益就更应该被来自较高层级政府的补贴、转移支付、再分配政策等手段所覆盖，以实现外溢性公共品的有效供给。

在根源性的制度问题之外，公共经济学领域的庇古税、财政补贴等政策也被引入到改善外溢性公共品供给问题中来。虽然已有的政府补贴存在很多缺陷，但是它仍然优于那些被提出来替代他们的多样化安排。支持政府间转移支付的理由之一在于，它可以将通过劳动力等要素流动性所产生的辖区间公共品外溢性内部化。为了重新获得帕累托最优产出，就需要一个资金从中央政府向较低层级政府转移的匹配拨款体系，并且相应的匹配拨款率要反应该公共品的外溢性程度。这意味着地方政府决定自己的支出水平，而中央政府也需要承担一部分成本。在外溢性环境公共品领域内，财政转移是将空间外部性内部化的合适工具，尤其是上级政府可以利用财政转移补偿下级地方政府在辖区内对环保服务等外溢性公共品的供给成本。

在我国，1994 年的分税制改革后地方政府的财政自主权明显下降，地方的经济建设相关公共品的提供得到很大改善，极大地促进了经济增长，但是非经济建设型公共品，特别是那些因流动性的存在而使其收益具有外溢性的环境、基础教育、医疗等公共品的开支占政府总支出的比重明显下降，直接导致基础教育质量下降，城市公用设施供给减少，公共品供给水平低于居民实际需求总量的可能性上升。而造成这些现象的主要原因在于中国集权式的政治体制和分权式的经济治理模式之间的矛盾。在目前集权式的政治体制下，中央考核地方官员的标准已经从传统的政治绩效转变为经济发展绩效，即地方政府官员晋升的可能性与任期内地方的经济增长表现密切挂钩，官员为了实现最大可能的晋升，把有限的财政资源尽量用于有助于经济建设的基础设施类公共品供给上。同时，由于政治资源和晋升机会的稀缺性，地方政府官员在 GDP 增长排名上也存在着隐性的竞争关系，这样，对于可能使潜在竞争对手受益的外溢性公共品，地方官员的积极性并不高。因此，在公共品供给问题上，中央掌握着对地方的集中控制权，并将事权逐渐下移，虽然地方确实承担了较多的外溢性公共品支出责任，但地方政府实际提供外溢性地方公共品的动机和能力严重不足，外溢性公共品供给表现出一种集权与分权交织的特征，此时更加需要适度加强中央事权，即增加中央对外溢性公共品的专项转移支付或是由中央来直接供给外溢性范围较广的公共品。因此未来我国专项转移支付的范围应该严格限于中央委托事务、共同事权事务、效益外溢事务和符合中央政策导向的事务上，包括教育、公共安全、科学技术、节能环保等。

不可否认的是，单纯依靠中央政府集中供给公共品可能仍存在不少缺陷。一方面，由于中央在时间和精力上的限制或是信息沟通自身的不完善，地方相关信息无法准确和充分地传达至中央，使得中央在决策上不可避免地存在着效率损失。另一方面，即使中央拥有充分接收和处理信息的能力，地方政府由于在公共品决策偏好上与中央不一致，会向中央隐瞒或歪曲信息，造成信息从地方传递到中央的过程中出现失真和扭曲，降低了中央决策效率。外溢性公共品供给制度的早期研究主要集中于制度和政府等层面，这些都无法避免各层级政府本身存在的政府失灵、效率低下等问题，其后，随着外溢性公共品供给与管理实践的日益复杂化，一些创新型供给机制逐渐成为研究热点，包括以科斯式协商为基础的地方政府横向合作、边界改革以及地方政府自愿供给模式等。

2.3.3　区域合作供给

区域合作机制最早见于国家合作控制全球污染的国际环境协议中，其后逐渐被引入到一国范围内不同地区合作供给公共品领域。虽然二者适用的主体单位和政府层级都不相同，但其本质上却有很大的相似之处。前者致力于供给全球公共品，由于缺乏一个超国家的、能决定国家环境行为的跨国机构来强制执行全球性环境政策，国家间自愿合作的有效性就得以凸显；后者致力于供给一国范围内的外溢性公共品，虽然存在强有力的中央政府，但由于地方政府和中央政府各方面博弈制衡的存在，也很难完全依靠中央政府来解决，此时，横向区域合作机制就应运而生。

在一国范围内，同级政府之间往往会涉及类似跨界污染治理这样的外溢性公共品供给问题，此时，针对横向转移支付的合作性协议对于缩小地区之间由经济发展和自然因素所造成的经济社会差异、改善不同地区之间的福利状况具有重要意义。以我国跨界污染为例，首先，由于地方政府具有更全面的信息，且中央政府在处理跨界污染上效率低下，因此由地方政府之间的横向转移支付达成治理承诺与合作机制来解决这一问题更为有效。对于大范围的重点污染地区，比如我国西部地区的生态恶化，应采取中央为主、横向为辅的合作机制，比如构建西部地区生态补偿机制；对于小范围局部性污染，比如区域雾霾问题，则可以通过关联区域的横向合作加强治理，比如京津冀及周边地区大气污染联防联控机制。其次，对于经济发展水平较高的地区，其后期发展目标逐渐向可持续生态发展转型，更多的关心环境、资源等，此时他们有动机引导周边地区加入合作防污减排、治理环境中。而那些经济相对落后的周边地区，不仅可以利用发达地区的资金转移搞好经济，同时还能边发展边治理环境，避免很多地区走过的"先污染后治理"的弯路。此外，搭便车问题在小范围的区域性合作中相对不那么严重，尤其是有针对性的多边合作。

2.3.4 行政边界改革

外溢性概念的引入离不开政治辖区和经济辖区的划分，前者是指做出决策和行动的政府管辖边界，后者是指从该决策和行动中受益的辖区范围，这两种辖区类型的划分主要以行政边界和经济福利边界为依据。Olson（1969）指出，公共品福利边界和供给这一公共品的政府行政边界的关系表现为三种形式，其中一种情况是，公共品福利边界超过了提供这一公共品的政府行政边界范围。这就意味着它提供了一种外部经济，并且当任何最大化行为提供了一种外部经济时，其活动水平倾向于低于帕累托最优水平，就会导致无效率或低效率问题。换句话说，这种情况会使得公共品供给水平低于社会最优水平。此时，解决这种低效的方法之一就是将政府辖区范围设计的足够大，这样某些特定公共品的所有收益就只能由辖区边界内的居民享受。这种边界上的变动可以将外部性内部化,而那些受益者都将为之付费。同时,对于每一种拥有独立边界的公共品,都需要设置一个独立的政府机构,这样,在公共品收益获得者和支付者之间就会存在一种匹配。由于每种服务的外溢性边界不可能是完全一样的,地方政府就可以根据具体需求情况来建立独立的竞争性、重叠性的功能性辖区(functional, overlapping and competing jurisdictions, FOCJ),比如区域性交通区或者医院区,由于 FOCJ 的目的在于进一步利用规模经济,并针对居民的公共品偏好将辖区间外溢性最小化,因此 FOCJ 可以以最低成本提供公共品①。我国最近几年出现的主体功能区规划就属于边界改革机制的一种特例。根据主体功能区的定义,按照开发内容的不同,国土空间可以划分为城市化地区、农产品主产区和重点生态功能区,各功能区实行分类管理的区域政策。目前我国总共有 25 个国家重点生态功能区,涉及 436 个县级行政区②,各相关行政单位在新的生态边界辖区内共同供给外溢性环境公共品。

通过边界再划分手段将外溢性内部化,从而将辖区间外溢性公共品供给问题转化为辖区内地方公共品的独立供给,在理论上属于较为理想的手段,然而,如何划定最优边界就成了实践操作中遇到的最大难题。当具有多样化边界的地区提供一种准公共品时,通过对生产成本的考量来决定辖区边界是个很好的选择。辖区大小及其边界范围应该根据生产合意产品的总成本最小化来设定。然而,从规模经济角度出发,辖区的最优大小应该随着公共品类型的不同而不同,这样,根据外部性内部化观点得出的最优辖区就会和规模经济要求的最优辖区相冲突。同时,目前并没有可预见性的地方政府边界重构能大幅度减少辖区间外溢性,即使是不同的 FOCJ 之间也会或多或少地存在部分外溢性,所以通过边界改革来解决外溢性公共品供给问题可能还需要经历很长的探索期。

---

① Frey B S, Eichenberger R. FOCJ: competitive governments for Europe [J]. International review of law and economics, 1996, 16 (3): 315 – 327.

② 国发 [2010] 46 号文:《国务院关于印发全国主体功能区规划的通知》。

2.3.5 地方自愿供给

自愿供给模式的主要关注点在于，当不存在更高层级政府来统筹和协调地方公共品供给时，地方政府自愿去提供公共品是否能达到有效水平。目前自愿提供公共品中主要考虑序贯式的自愿提供模式，当各地方政府可以承诺以某个比率对其他地方政府提供的公共品进行匹配时，均衡下各地方政府提供的公共品数量都可以达到有效水平①。同时，各地政府还可以通过采取相互设定补偿系数②、预存押金③、惩罚搭便车者等方式来达到公共品有效供给。然而，这些有效解的基本前提在于，每个地方政府都能清楚地了解其他地区提供该公共品的收益和成本情况。虽然在完全信息下科斯式的讨价还价可以实现公共品的有效供给，然而一旦出现信息不对称，比如在参与者众多且参与者的私人信息独立时，就并不存在一个讨价还价机制可以实现有效的公共品供给。另外，在外溢性公共品层面上，只有当公共品的外部收益相对较大时，地方政府之间的讨价还价才能实现有效的公共品供给水平，否则，地区政府间的讨价还价仍会引致无效率的结果④。

在不对称信息下的公共品供给问题中，大部分的研究假设中央政府可以承诺一个公共品的提供计划，该计划要求每个地方政府将地方私人信息汇报给中央，并根据自行汇报的信息向中央支付一个公共品供给费用。由于地方政府的参与约束，中央设计的机制往往也会出现非有效解。此时，自愿供给模式就需要假设中央拥有无限的承诺能力，这可能比较符合西方发达国家的情况，但并不适用于我国这样中央承诺能力有限的国家。

① 参见：Guttman，1978；Danziger & Schnytzer，1991；Varian，1994a；Boadway et al.，2007。

② 参见：Varian，1994b；Candel-Sánchez，2006。

③ Gerber A，Wichardt P C. Providing public goods in the absence of strong institutions [J]. Journal of public economics，2009，93（3）：429－439.

④ Klibanoff P，Morduch J. Decentralization，externalities，and efficiency [J]. The review of economic studies，1995，62（2）：223－247.

| 3 |

我国外溢性环境公共品的空间分布解析

3.1　空间数据分析方法与空间权重矩阵选取

探索性空间数据分析（exploratory spatial data analysis，ESDA）是一种在空间数据中寻求和识别重要信息的数据分析方法，主要用于探测所分析的数据是否具有空间特征，或者呈现何种空间分布模式，从而进一步确定较为合适的空间回归模型[①]。不同于常见的理论演绎推理过程，ESDA 本质上是一个由数据驱动、并利用相关技术"让数据自己说话"（Let the data speak for themselves）[②] 的探索过程，通过图形交互技术和数据可视化技术等手段，利用图形、表格和地图等直观方法展现隐藏在空间数据中的空间关系、空间分布、空间模式以及空间趋势等特征，从而对各类空间数据的性质进行诊断和分析。ESDA 主要使用两类工具：第一类是全局空间自相关（global spatial autocorrelation）指标，用来分析空间数据在整个研究区域内呈现的空间模式或分布特征，通常使用 Moran's I 指数（Moran，1950）、Geary's C 指数（Geary，1954）

---

① 近年来，对空间计量回归模型的运用越来越广泛，批判和质疑也逐渐增多（Harris et al.，2011；Corrado & Fingleton，2012），因此本研究只利用空间数据分析法对外溢性公共品的空间特征及空间分布模式进行初步判定，并未深入构建空间回归模型。

② Gould P. Letting the data speak for themselves [J]. Annals of the Association of American Geographers，1981，71（2）：166－176.

和全局 G_i 指数（Getis & Ord，1992）来测度；第二类是局部空间自相关（local spatial autocorrelation）指标，用来分析数据在局部子系统中的分布特征，或者计算每一个空间单元与邻近单元在某一属性上的相关程度，侧重于数形变量的区际差异，具体表现形式包括空间集聚区、非典型的局部区域、异常值等，一般用局部 G 指数、Moran 散点图和 LISA（local indicator of spatial association）等来测度。本章将利用 Moran's I 指数和 LISA 聚集图分析我国外溢性环境公共品的空间分布模式和分布特征。

3.1.1 全局 Moran's I 指数

全局 Moran's I 是最早被用于全局聚类检验的方法之一，它可以有效检验整个研究范围内邻近地区间的空间交互关系（正相关、负相关或相互独立），其计算公式如下：

$$I = \frac{n \sum\limits_{i=1}^{n} \sum\limits_{j=1}^{n} w_{ij}(x_i - \bar{x})(x_j - \bar{x})}{\sum\limits_{i=1}^{n} \sum\limits_{j=1}^{n} w_{ij} \sum\limits_{i=1}^{n} (x_i - \bar{x})} = \frac{\sum\limits_{i=1}^{n} \sum\limits_{j \neq i}^{n} w_{ij}(x_i - \bar{x})(x_j - \bar{x})}{S^2 \sum\limits_{i=1}^{n} \sum\limits_{j=1}^{n} w_{ij}} \quad (3-1)$$

式（3-1）中，n 是研究范围内各地区的总数，i 和 j 分别表示不同的地区，因此 w_{ij} 就是空间权重矩阵，而 x 代表所要研究的地区属性或特征，这一属性的均值和方差分别是 $\bar{x}$ 和 S^2。Moran's I 指数可以看做是观测值和它的空间滞后（spatial lag）之间的相关系数，变量 x_i 的空间滞后是 x_i 在领域 j 的平均值，即

$$x_{i,-1} = \frac{\sum\limits_{j} w_{ij}x_{ij}}{\sum\limits_{j} w_{ij}} \quad (3-2)$$

因此，Moran's I 指数的取值范围一般为 [-1, 1]。Moran's I 指数大于 0，表示存在空间正相关关系，并且取值越接近 1 表明具有相似的属性值集聚在一起，即高值与高值相邻、低值与低值相邻；Moran's I 指数小于 0 则表示空间负相关，取值越接近 -1 表明具有相异的属性值集聚在一起，也就是说单元间差异较大，分布并不集中，即高值与低值相邻、低值与高值相邻。当然，如果 Moran's I 指数趋于 0，则表示被研究的属性趋近于随机分布，即不存在

空间自相关性。Moran's I 指数的优势在于，随着 n 逐渐增加，其渐进正态分布越发明显。

3.1.2　局部 LISA 统计量

在全局 Moran's I 空间自相关分析中，由于部分区域经济行为间的正相关关系和另一部分区域间的负相关关系可能会相互抵消，使得此时 Moran's I 估计的只是抵消后的剩余值，无法揭示每一个方向上真实的局域空间关联效应，也无法识别相关指标高值和低值的真实空间聚类状态和空间分布模式。因此，Anselin（1995）构造了一个局部 Moran 指数，又叫做 LISA，旨在检验局部地区之间是否存在相似或相异观察值聚集在一起的空间关联效应。不同于全局空间自相关指标的局限性，LISA 可以将类似于 Moran's I 的全局指标进一步分解，从而得到每个个体观察值的贡献量。这样，区域 i 的局部 LISA 统计量就被用来度量 i 地区和它相邻地区之间的关联程度，数学定义为

$$I_i = \frac{(x_i - \bar{x})}{S^2} \sum_{j \neq i} w_{ij}(x_j - \bar{x}) \qquad (3-3)$$

当 I_i 为正时，表示一个高值被高值所包围（高—高），或者一个低值被低值所包围（低—低）；而 I_i 为负则表示一个高值被低值所包围（高—低），或者一个低值被高值所包围（低—高）。高—高和低—低位置（局部空间正自相关）是典型的空间聚集，而高—低和低—高位置（局部空间负自相关）被称为空间离群（outliers）。

3.1.3　空间权重矩阵的选取和设计

在度量空间自相关时，必须首先定义研究对象在空间地理上的相互邻接关系，这就需要我们引入空间权重矩阵，这不仅是空间计量与传统计量的重要区别之一，也是开展空间计量分析的前提和基础。合理地选择和设置空间权重矩阵，已经成为空间计量分析需要解决的首要问题。在实际的区域分析中，该矩阵的设定选择是外生的。一般而言，空间距离的设定方式主要有空间地理相邻矩阵、经济地理矩阵、有限距离、负指数距离权数等。本文研究

对象为一国范围内地区间外溢性公共品，主要讨论外部收益在地区行政边界上的活动，具有外部外溢性特征，因此采用最常用的地理相邻矩阵作为空间权重矩阵的设定方法，这一方法根据所研究的目标范围在空间地图上的相对位置来决定哪些地区是相邻的，并采用"0－1"来表示。简而言之，就是根据地区 i 和地区 j 是否相邻来设定 w_{ij}。通常采用"1"表示两个地区在空间上相邻，"0"则表示不相邻，并且假定空间单元与自身不属于相邻关系。这样，对于一个具有 n 个空间目标单元的系统，其地理相邻矩阵就是一个 n×n 的 0－1 矩阵，对角线元素均为 0。

图 3－1 显示了本书选取的我国 31 个省、自治区、直辖市的空间权重矩阵，也是我国实际空间计量运用中最典型最常见的邻接矩阵。在这个 31×31

	京	津	冀	晋	蒙	辽	吉	黑	沪	苏	浙	皖	闽	赣	鲁	豫	鄂	湘	粤	桂	琼	渝	川	贵	云	藏	陕	甘	青	宁	新
京		1	1																												
津	1		1																												
冀	1	1		1	1	1									1	1															
晋			1		1											1											1				
蒙			1	1		1	1	1																			1	1		1	
辽			1		1		1																								
吉					1	1		1																							
黑					1		1																								
沪										1	1																				
苏									1		1	1			1																
浙									1	1		1	1	1																	
皖										1	1			1	1	1	1														
闽											1			1					1												
赣											1	1	1				1	1	1												
鲁			1							1		1				1															
豫			1	1								1			1		1										1				
鄂												1		1		1		1				1					1				
湘														1			1		1	1		1		1							
粤													1	1				1		1											
桂																		1	1					1	1						
琼																															
渝																	1	1					1	1			1				
川																						1		1	1	1	1	1	1		
贵																		1		1		1	1		1						
云																				1			1	1		1					
藏																							1		1				1		1
陕				1	1											1	1					1	1					1		1	
甘					1																		1				1		1	1	1
青																							1			1		1			1
宁					1																						1	1			
新																										1		1	1		

图 3－1　我国 31 个省区市的地理相邻权重矩阵

的矩阵里，一共有 136 个 1，即 136 个相邻关系[①]。在实际操作过程中，该空间权重矩阵还需做进一步标准化处理。

3.2 我国外溢性环境公共品的空间分布现状

通常而言，基于污染治理视角，外溢性环境公共品主要包括在资金、设备、人力、技术等方面的投入，本节分别选取环境污染治理投资总额、环境监测仪器数量、环境保护系统各级机构人员数量、环境科技工作情况中的科研课题经费数以及科技工作人员数等作为我国环境治理的投入指标，从而利用 GeoDa 软件对我国外溢性环境公共品供给的空间分布现状展开分析[②]。

第一，在资金供给上，根据我国 2014 年环境污染治理投资总额的空间分布情况可以发现，我国东、中部地区整体投入水平较高，内蒙古、河北、北京、山东、江苏、浙江为投入最多的地区。同时，历年 Moran's I 指数均大于 0 （见表 3 - 1），表明我国各地区在环境治理投资总额上呈现出较为明显的空间集聚现象。

表 3 - 1　　2004 ~ 2014 年全国环境污染治理投资总额的 Moran's I 指数

年份	2004	2005	2006	2007	2008	2009	2010	2011	2012	2013	2014
Moran'I	0.296	0.326	0.297	0.387	0.340	0.340	0.014	0.314	0.273	0.304	0.254

资料来源：根据历年《中国环境统计年鉴》数据计算而得。

第二，在设备供给上，2010 年环境监测仪器总量投入较多的为山东、河南、江苏、浙江、广东与四川，Moran's I 指数为 0.109302，具有弱空间正相关性，整体呈现出向东南部集中的趋势。由于环境监测仪器包括了各种不同的种类，进一步分类分析发现，2013 年工业废气治理设施的 Moran's I 指数为

---

① 虽然海南省没有相邻省份，但是为了按照一般习惯，保证空间地图的完整性，本研究仍将海南省保留在空间权重矩阵内。

② 由于全国空间状态分析对指标的完整性要求较高，因此本节各指标选取最近几年各省区市数据中最为齐全的年份进行分析。

0.173536，而 2011 年废水治理设施数的 Moran's I 指数为 0.304759，正相关性更强，在空间分布上更显著地向东南部较中。

第三，在人员供给上，2011 年各省区市环境保护系统各级机构年末实有人员的 Moran's I 指数为 0.255366，呈空间正相关，五等分图显示出河北、山西、河南、山东、江苏、广东的环保人员投入较多。

第四，在技术研发供给上，2007 年全国环境科研课题经费和从事环境科技活动人员的 Moran's I 指数分别为 0.22141 和 0.125617，其中黑龙江、山东、江苏、上海、浙江与广东在环境科技上投入较多。

3.3 我国外溢性环境公共品的空间分布特征及分布形式

3.3.1 各省区市政府环境支出的空间特点及分布形式

首先，我们利用 GeoDa 软件分析了 2014 年我国各省区市的政府环境支出①情况。五等分图显示了地区之间环境支出的显著差异，其中，北京、河北、山东、江苏、广东、浙江的环境支出较多，西藏、宁夏、天津、上海、福建、海南较少，各地政府环境支出在空间分布上相对较为零散，集中程度相对较弱。

其次，通过计算近几年的政府环境支出 Moran's I 指数发现，2009～2014 年的 Moran's I 指数均为负数，且在数值上接近于 0（见表 3 - 2），这表明各省区市在政府环境财政支出上呈现出极弱的负相关性，甚至在某些年份可以认为其不存在空间相关性，对此，可以从两方面来解释这一外部外溢性结果。

表 3 - 2　　2009～2014 年来各省区市政府环境支出 Moran's I 指数情况

年份	2009	2010	2011	2012	2013	2014
Moran's I	- 0.0789	- 0.0852	- 0.1358	- 0.0589	- 0.0463	- 0.0521

资料来源：根据历年《中国统计年鉴》相关数据计算而得。

---

① 数据来自历年《中国统计年鉴》，为各省区市财政支出中的环境保护支出。

第一，各地在政府环境支出上呈现出较弱的负相关性，即支出较多的地区和支出相对较少的地区集聚在一起，这也体现了各省份之间会根据相邻省份的财政支出情况来对本地区做出支出决策，环境支出上的外溢性就必然会导致各决策主体有选择地"搭便车"，比如地区 A 的环境支出较多，政府提供了较全面的某种环境公共物品和公共服务，那么相邻的 B 地区在这一环境项目上可能就会选择坐享其成，用"节约"下来的财政支出从事其他项目。第二，各地在政府环境支出上呈现出一定的随机性，这是因为政府环境支出这一指标本身囊括了太多要素，包括环境保护管理事务支出、环境监测与监察支出、污染治理支出、自然生态保护支出、污染减排支出、可再生能源和资源综合利用等各类支出，同时还受到很多其他因素的影响，比如地方经济发展程度、财政分权程度、地方资源禀赋、当年国家环保侧重点等，因此单一年份的各省政府环境支出在空间分布上并没有表现出显著的相关性。在这样的背景下，本书没有选择继续分析政府环境支出的 LISA 聚集图，而是转向研究各类环境污染和治理项目在各地之间的空间相关性。一旦环境污染在各地之间表现出明显的空间外溢，那么政府治理这一污染所提供的公共品必然也不可避免地存在收益外溢，尤其是在将污染和治理项目分类别处理时，这种外溢性的趋势就更加明显。

3.3.2　各类污染物排放及治理投入的空间特点及分布形式

根据可获取数据的完整性，本研究分析了 2013 年我国各省份二氧化硫排放量、氮氧化物排放量、烟（粉）尘排放量、工业固体废物产生量、城市污水排放量、工业废气治理设施套数、污染治理项目本年完成投资中的废气治理和废水治理部分，2012 年的废水排放量以及 2009 年的医疗废物产生量[①]在空间上的全局相关性和局部相关性，得出以下结果。

第一，从具体的环境污染排放及处理情况来看，在全局相关性上，Moran's I 指数均为正，说明我国环境污染具有明显的集聚效应，污染区域化现象较为明显。见表 3 - 3。

---

① 数据均根据历年《中国环境统计年鉴》整理而得。

表 3－3   各污染物排放及处理情况的 Moran's I 指数[a]

指标类别	指标名称	数据年份	Moran's I 指数
大气污染和治理	二氧化硫排放量	2013	0.178209
	氮氧化物排放总量	2013	0.266153
	烟（粉）尘排放总量	2013	0.209724
	工业废气治理设施	2013	0.173536
	废气治理项目的本年完成投资额[b]	2013	0.25046
水污染和治理	废水排放量	2012	0.284639
	城市污水排放量	2013	0.17007
	废水治理项目的本年完成投资额	2013	0.161395
固体污染和治理	工业固体废物产生量	2013	0.197404
	医疗废物产生量	2009	0.0929748
	医疗废物处置量	2011	0.104521

注：a 利用 GeoDa 软件对每个指标的 Moran's I 进行 999 次随机转置即可获得 Z 值，每次得到的 Z 统计量都略有差异，但结果均在 0.05 显著性水平下拒绝原假设，所以本书并没有直接列出每个指标的 Z 统计量。
b 数据来自 EPS 数据库中污染治理项目本年完成投资（万元）中的治理废气部分，同样地，文中"废水治理项目的本年完成投资额"数据也是源自 EPS 数据库中污染治理项目本年完成投资（万元）中的治理废水部分。

第二，在局部相关性上，在各指标的 LISA 聚集图中，"High－High"表示高值被高值包围；"Low－Low"表示低值被低值包围；"Low－High"表示低值被高值包围；而"High－Low"则表示高值被低值包围，这四部分分别对应了 Moran 散点图的四个象限。结果显示，各指标的 LISA 显著性图基本和 LISA 聚集图完全一致，表示各指标均显著。见表 3－4。

表 3－4   地区间各类污染物及治理项目的 LISA 聚集情况

污染物类别	High－High	Low－Low	Low－High	High－Low
二氧化硫排放量	辽宁、河北、山西、河南、山东	—	安徽	新疆
氮氧化物排放总量	山东、河北、山西、安徽、辽宁、河南	四川	—	新疆
烟（粉）尘排放总量	内蒙古、辽宁、河北、山西、山东、河南、	—	吉林、天津	新疆

续表

污染物类别	High – High	Low – Low	Low – High	High – Low
工业废气治理设施	山东、河南、江苏、福建	新疆	安徽、江西	四川
废气治理项目本年完成投资额	河北、山西、河南、山东	—	安徽	—
废水排放量	山东、安徽、福建	新疆、甘肃	江西	四川
城市污水排放量	—	新疆、甘肃	福建、江西	四川
废水治理项目本年完成投资额	江苏、浙江	新疆	上海、安徽、江西	—
工业固体废物产生量	内蒙古、辽宁、河北、山西、河南、山东	—	北京、天津、吉林	
医疗废物产生量	江苏、上海	内蒙古、陕西	福建、江西	新疆、四川
医疗废物处置量	天津、山东、江苏、河南	新疆	安徽、北京、山西、福建	四川

注：本研究中只有海南省没有"邻居"，故在 LISA 聚集图中海南省属于集聚效应不显著的地区。

在空气污染和治理上，辽宁、河北、山西、河南、山东地区为明显的热点区，废气排放量较多，相应的治理设施和治理投资额也相对集中，地区之间的空间差异较小，具有明显的空间正相关，这说明京津冀地区的空气污染治理必须加强对周边污染高地的控制，利用聚类效应加强联防联控[①]；新疆属于废气排放的高地，而周边地区废气排放相对较少，这与其特殊的地形和燃煤取暖的生活习惯紧密相关。由于新疆地区的异质性突出，与周边地区的空间差异较大，具有明显的空间负相关，因此要注意控制新疆废气排放对周边净土的污染外溢。

在水污染和治理上，山东、安徽、福建三个地区的废水排放量较大，空间差异较小，具有明显的正相关，这些地区可以加强在水污染治理上的合作；新疆和甘肃属于水污染的盲点区，相应的水污染治理投资额也少；四川呈现出高值被低值包围的趋势，异质性突出，与周边地区呈空间负相关，因此在区域水污染治理上必须控制四川对周边地区的外溢影响。

---

① 这一结果与目前很多环境经济学家测算的结果基本一致，即北京和天津地区的雾霾离不开周边地区的影响。

在固体污染和治理上，由于这方面数据指标相对有限，因此结果也并不十分清晰，但是在工业固体废弃物的产生量上，北京和天津属于异质性突出的低值地区，被高值所包围；在医疗废弃物的产生和处置上，四川属于异质性突出的高值地区，被低值包围。

3.4　小结与讨论

第一，所有污染物的 Moran's I 指数都为正，这说明污染物在各省份之间存在空间正相关，即污染排放较多的地区聚集在一起。这可以从两方面原因来解释。其一，从污染层面来看，污染物本身具有跨界外溢性，当一个地区的污染量达到一定程度时，自然就会向外溢出。同时类似于二氧化硫等空气污染，本身就会在大气环流作用下向周边流动。其二，从治理层面来说，当邻居的污染水平较高时，考虑到治理收益的外溢性，加上环境公共品的供给一直还未成为我国各地政府的首选任务，所以本地政府并不愿意多花精力去治理辖区边界以外甚至就是本辖区内的污染，在这两种情绪下，污染的"邻避效应"（not-in-my-backyard effect）和"竞次"（race to the bottom）效应就会被强化，因此造成了高污染地区的空间集聚现象。

第二，通过将各地区污染程度与相应的治理投入一一对应可以发现，在大气污染问题上，虽然河北、河南、山西、山东处于污染热点区，但是这些地区积极开展了大量的废气治理投资以控制本辖区严重的大气污染。然而，同样作为大气污染热点地区，安徽省的废气治理投入却相对较少，治污投资显然无法满足与污染程度相适应的需求量。在水污染上[①]，安徽属于热点地区，而其在废水治理上的投资却较少，这说明该省的污染治理投资导向存在一定的偏差。而江西省虽然也处于废水治理的冷点区域，但其相应的废水污染排放量也较少。

第三，LISA 局部空间相关性分析验证了我国在环境污染治理上加强区域协同合作和联动发展的必要性和重要性。在大气污染上，辽宁、河北、山西、

---

① 虽然废水排放量的 LISA 聚集图是基于 2012 年的数据，而相应的治理投资数据源自 2013 年，但这并不影响本研究做出粗略的趋势估计。

河南、山东作为明显的热点区，应该加强区域合作，减少其对北京和天津的不利影响；在水污染上，福建与安徽这两个相邻省份呈明显的负相关，因此也可以考虑协同治理水污染。此外，对于异质性突出的地区，必须控制其污染量对周边地区的外溢，比如新疆的空气污染、四川的水污染等。

第四，西北地区相对而言仍然属于生态净土，尤其是新疆、甘肃，这在一定程度上与当地的经济发展速度和经济发展模式相关，尤其是第二产业的发展情况。因此未来在保护和监管西北地区生态环境上，一方面要防止周边重污染地区对这些净土地区的污染外溢；另一方面要帮助这些地区实现经济转型，从而防止它们通过牺牲环境发展经济而沦为"污染避难所"。

| 4 |
我国地区间外溢性环境公共品供需水平衡量

4.1 我国地区间外溢性环境公共品的供需对比

4.1.1 地区间外溢性公共品的最优理论供给水平

本节将在 Besley 和 Coate（2003）模型的基础上，通过博弈建模简单分析政府间不同成本分摊模式下外溢性公共品的理论供给水平①。假设只存在两个地区 i＝1，2，每个地区居民消费私人物品和一种地区间外溢性公共品，并且当某个地区居民消费该外溢性公共品时，收益会溢出至另一个地区并给当地带来福利效用，假设外溢性程度为 λ，且满足 0≤λ≤1。具体而言，当 λ＝0 时，i 地区居民得到的效用水平不受另一个地区公共品消费量的影响，也就是说该公共品的地区间外溢性为 0；而当 λ＝1 时，i 地区的居民效用完全受另一个地区公共品消费情况的影响，也就是说消费该公共品的收益全部外溢到了 i 地区。用 x_i 和 g_i 分别表示 i 地区居民消费的私人物品数量和外溢性公共品数量，g_{-i} 表示 i 地区之外的其他地区居民消费的外溢性公共品数量。

① Besley 和 Coate（2003）的模型中假设存在一种私人品和两种不同的具有外溢性的地方公共品，以分析不同外溢性情况下的集权式供给和分权式供给的优劣。由于本节只需要比较不同成本分摊情况下的供给水平，因此在 Besley 和 Coate（2003）模型的基础上进行了简化。

这样，i 地区居民得到的效用 u_i 满足

$$u_i = x_i + m_i \ln g_i + \lambda \ln g_{-i} \tag{4-1}$$

其中 m_i 表示 i 地区居民在本地公共品消费过程中的受益程度，考虑到外溢性公共品的空间距离衰减特征，一般认为居民从本辖区公共品供给中得到的收益大于从其他地区公共品消费中得到的收益，即 $m_i > \lambda$。为了将模型进一步简化，假设每提供一单位公共品需要耗费 p 单位的私人物品，即公共品的相对成本为 p。基于现实中的政府层级划分，本研究假设存在一个最高层级的中央政府，其行为目标是最大化所有地区居民的总效用，在其之下，每个地区又各自都有一个地方政府，其目标是最大化辖区内居民的效用水平。这时，在只存在两个地区的理论模型中，中央政府的效用 U 就满足

$$U = u_1 + u_2 = x_1 + x_2 + (m_1 + \lambda)\ln g_1 + (m_2 + \lambda)\ln g_2 \tag{4-2}$$

由式（4-1）和式（4-2）可知，中央政府与地方政府具有不同的目标效用函数。对中央政府而言，外溢性公共品的最优供给量应该满足

$$\max_{g_1, g_2}(m_1 + \lambda)\ln g_1 + (m_2 + \lambda)\ln g_2 - p \times (g_1 + g_2) \tag{4-3}$$

通过一阶求导得出，对中央政府而言，地区 1 的最优外溢性公共品供给量为 $g_1^c(m_1) = \dfrac{(m_1 + \lambda)}{p}$，而地区 2 的最优外溢性公共品供给量为 $g_2^c(m_2) = \dfrac{(m_2 + \lambda)}{p}$。

对地方政府而言，由于公共品供给成本分摊方式的差异，外溢性公共品最优供给水平存在两种可能性。

第一，地方政府缴纳一般性税收后，由中央财政统一承担两个地区的公共品供给成本。此时，为了给两个地区分别提供 g_1 和 g_2 单位的公共品，中央财政总共需要承担 $p(g_1 + g_2)$ 单位的供给成本，这时每个地区需要向中央缴纳 $\dfrac{p(g_1 + g_2)}{2}$ 个单位的私人物品作为一般性税收来为中央财政融资。在这样的制度安排下，当地区 1 居民消费 g_1 单位的公共品时，该地的地方政府效用 u_1 就等于 $x_1 + m_1 \ln g_1 + \lambda \ln g_2 - \dfrac{p \times (g_1 + g_2)}{2}$。同样的，通过最优化处理后可以得出，对地区 1 的地方政府而言，外溢性公共品的本地最优供给水

平为 $g_1^d(m_1) = \dfrac{2m_1}{p}$，而对地区 2 地方政府而言，外溢性公共品的本地最优供

给水平为 $g_2^d(m_2) = \dfrac{2m_2}{p}$。

通过比较 $g_1^c(m_1) = \dfrac{(m_1+\lambda)}{p}$、$g_2^c(m_2) = \dfrac{(m_2+\lambda)}{p}$、$g_1^d(m_1) = \dfrac{2m_1}{p}$ 和

$g_2^d(m_2) = \dfrac{2m_2}{p}$ 的大小发现，由于 $m_i > \lambda$，所以一定存在 $g_1^d(m_1) > g_1^c(m_1)$ 且

$g_2^d(m_2) > g_2^c(m_2)$。也就是说，当由中央财政承担两个地区的公共品供给成本并通过一般性税收来为中央财政融资时，中央政府效用最大化下的公共品最优供给水平总是低于地方政府各自选择的最优供给水平，此时，中央与地方在外溢性公共品最优供给量上存在着利益分歧。这是因为，当由中央财政承担公共品供给的全部成本时，成本最终会通过税收方式分摊到所有地区，这样每个地方政府只需承担一部分本辖区内公共品的供给成本，所以地方政府所希望的本地公共品供给量就会高于中央政府合意的公共品供给量。

第二，当由地方财政直接承担本地公共品供给成本时。地区 1 每提供 g_1 单位的公共品就意味着需要放弃消费 pg_1 单位的私人物品，那么地区 1 地方政府的效用满足 $u_1^* = x_1 - pg_1 + m_1 \ln g_1 + \lambda \ln g_2$。最大化 u_1^* 可以发现，对地区 1 而言，本辖区内公共品的最优供给水平等于 $g_1^*(m_1) = \dfrac{m_1}{p}$。同样，对地区 2

而言，本辖区内公共品的最优供给水平就等于 $g_2^*(m_2) = \dfrac{m_2}{p}$。

比较 $g_1^d(m_1) = \dfrac{2m_1}{p}$、$g_2^d(m_2) = \dfrac{2m_2}{p}$、$g_1^*(m_1) = \dfrac{m_1}{p}$ 和 $g_2^*(m_2) = \dfrac{m_2}{p}$ 的大小

可以发现，$g_1^*(m_1) < g_1^c(m_1)$ 且 $g_2^*(m_2) < g_2^c(m_2)$。也就是说，当地方财政独立承担本辖区内公共品供给成本时，地方政府并不会考虑该公共品给其他地区带来的外部收益，因此地方政府所希望的外溢性公共品供给量总是要低于中央政府合意的供给水平。

博弈结果表明，外溢性公共品的供给水平主要取决于供给成本的分摊方式，即相关供给责任的划分。如果供给成本全部由中央财政承担，那么地方政府会倾向于利用中央财政来"过度"供给本辖区内的外溢性公共品。然

而，理性的地方政府会预期到供给成本最终会通过税收等形式实现部分"转嫁"，因此地方的实际供给水平也不会过分高于中央合意的供给水平；如果成本全部由地方政府自行承担，那么相比于中央合意的供给水平而言，对于辖区内外溢性公共品，地方政府总存在供给不足的倾向。我国分税制改革以来，随着不断的财权上收、事权下移，各层级政府间事权与支出责任的不适应、财力与事权的不匹配现象越发严重，地方政府实际上承担了地区间外溢性公共品的大部分成本，逐渐造成了我国地区间外溢性公共品实际供给不足的现状。

4.1.2　我国外溢性环境公共品的实际供给水平

早在 1997 年世界银行公布的《世界发展报告》中，保护环境和自然资源就被认定为现代政府五项基本职责之一。为社会公众和企业机构等提供包括清新的空气、洁净的饮用水、宜居的生态环境以及污染治理等公共品本身就属于现代国家公共服务的基本职能范围。从公共经济学的理论视角出发，环境治理作为一项具有极强正外溢性的公共品，私人部门不愿意或很难承担供给成本，其供给职责应该由政府主导。虽然部分公共品的生产过程可以引进市场机制或者第三方机制，但是由于环境治理问题直接影响所有居民的公共利益，政府的"守夜人"和"公共人"特性就注定了政府必须是环境治理相关各项公共事务中的主导方和引领者。

在我国，自 2005 年中共十六届五中全会首次把"建设资源节约型和环境友好型社会"确定为国民经济与社会发展中长期规划的一项战略任务以来，国家对环境治理、生态监管等的重视度日渐提高。近年来，随着 GDP 增长率屡创新高，以牺牲环境为代价的经济增长模式已经不断被政府、社会和公众质疑与诟病。2013 年 9 月，国务院发布了《大气污染防治行动计划》，《水污染防治行动计划》和《土壤环境保护和综合治理行动计划》也已经进入研究编制环节。2015 年 1 月 1 日起正式实施的新《环境保护法》不仅宣示了"经济社会发展与环境保护相协调"的基本理念，而且在监督管理、公众参与、法律责任等方面都实现了诸多突破，为在经济发展"新常态"下进一步推进经济社会可持续发展、促进生态文明和建设美丽中国提供了有力的法治保障。在这一系列政策法规的支持下，我国在环境治理方面的投入与供给也在不断增加。

第一，在资金供给上，一方面，2000～2014 年，环境污染治理投资总额基本保持正的增长率，从 1014.9 亿元增加到 9575.5 亿元，GDP 占比也从 1.02% 提高到 1.51%，然而国际经验表明，只有当这一占比高于 3% 才能有效控制和扭转环境恶化的局面[①]；另一方面，反映 GDP 提高时对污染治理重视程度和投入力度的环境污染治理投资弹性系数[②]却表现出极大的波动，最近三年甚至呈现下降趋势，这表明污染治理强度并未与经济的高速增长保持一致。见表 4－1。

表 4－1   2000 年以来我国环境治理基本情况

年份	环境污染治理投资总额（亿元）	环境污染投资总额增速（%）	GDP（亿元）	GDP 增速（%）	环境污染治理投资弹性系数（%）	环境污染治理投资总额占GDP 比重（%）
2000	1014.9	23.29	99214.6	8.40	2.77	1.02
2001	1166.7	14.96	109655.2	8.30	1.80	1.06
2002	1456.5	24.84	120332.7	9.10	2.73	1.21
2003	1750.1	20.16	135822.8	10.00	2.02	1.29
2004	2057.5	17.56	159878.3	10.10	1.74	1.29
2005	2565.2	24.68	184937.4	11.30	2.18	1.39
2006	2779.5	8.35	216314.4	12.70	0.66	1.28
2007	3668.8	31.99	265810.3	14.20	2.25	1.38
2008	4937.03	34.57	314045.4	9.60	3.60	1.57
2009	5258.39	6.51	340902.8	9.20	0.71	1.54
2010	7612.19	44.76	401512.8	10.40	4.30	1.90
2011	7114.03	－6.54	473104	9.30	－0.70	1.50
2012	8253.46	16.02	518942.1	7.70	2.08	1.59
2013	9516.5	15.30	568845.2	7.70	1.99	1.67
2014	9575.5	0.62	636463	7.40	0.08	1.51

资料来源：历年《中国统计年鉴》和《中国环境统计年鉴》。

注：由于环保部网站公布的历年环境统计年报中的"环境污染治理投资额"与历年《中国环境统计年鉴》上的数据不一致，为统一口径，此表格中全部采用《中国环境统计年鉴》中的公开数据，故计算所得的"环境污染治理投资增速""环境污染治理投资弹性系数"均与环保部统计年报中的数据有所偏差。

---

① 赵连阁，钟博，王学渊. 工业污染治理投资的地区就业效应研究 [J]. 中国工业经济，2014 (5)：70－82.

② 环境污染治理投资弹性系数＝环境污染治理投资额增速/GDP 增速。

第二，在设备供给上，废水治理设施数由2000年的64453套增长到2014年的82084套，废气治理设施数也由2000年的145534套增长到了2014年的261367套，工业固体综合利用水平由2000年的374.51百万吨增长到了2014年的2043.3百万吨，增速明显。见表4－2。

表4－2 2000～2014年环保设备和处理能力情况

年份	废气治理设施数（套）	废水治理设施数（套）	工业固体废物综合利用（百万吨）	城市生活垃圾无害化处理厂数（座）	城市污水日处理能力（百万立方米）	城市生活垃圾无害化处理能力（千吨/日）
2000	145534	64453	374.51	—	—	—
2001	134025	61226	472.9	—	62.154	—
2002	137668	62939	500.61	—	61.53	—
2003	137204	65128	560.4	575	66.264	219.61
2004	144973	66252	677.96	559	73.872	238.52
2005	144612	69231	769.93	471	79.897	256.31
2006	154557	75830	926.01	419	97.34	258.05
2007	162325	78210	1103.1	460	103.36	271.79
2008	174164	78725	1234.8	509	111.72	315.15
2009	176489	77018	1381.9	567	121.84	356.13
2010	187401	80332	1617.7	628	133.93	387.61
2011	216457	91506	1952.1	677	133.04	409.12
2012	225913	85673	2024.6	701	136.93	446.27
2013	234316	80298	2059.2	765	146.53	492.3
2014	261367	82084	2043.3	818	151.24	533.46

资料来源：历年《中国环境统计年鉴》。

第三，在环保机构和人员配备上，2013年，全国环保系统机构总数14257个，实有工作人数由2001年的14.3万人增长到21.2万人。见表4－3。

表 4 – 3　　　　　　　　2005～2013 年环保系统年末实有人员情况

年份	年末实有人数（人）	环保行政机构		环境监察机构		环境监测站	
		实有人数（人）	占环保系统总数比例（%）	实有人数（人）	占环保系统总数比例（%）	实有人数（人）	占环保系统总数比例（%）
2005	166774	44024	26.4	50040	30.0	46984	28.2
2006	170290	44141	25.9	52845	31.2	47689	28.2
2007	176988	43626	24.6	57427	32.4	49335	27.9
2008	183555	44847	24.4	59477	32.1	51753	28.3
2009	188991	45626	24.1	60896	32.2	52944	28.0
2010	193911	45938	23.7	62468	32.2	54698	28.2
2011	201161	46128	22.9	64426	32.0	56226	28.0
2012	205334	53286	26.0	61081	29.7	56554	27.5
2013	212048	52845	24.9	62696	29.6	57884	27.3

资料来源：《2013 年环境统计年报》。

　　第四，在技术研发上，科研课题经费数由 2000 年的 13454 万元增长到了 2010 年的 44719.8 万元，虽然 2009 年暴涨之后出现了回跌，但整体上仍呈稳步增长趋势；而从事科技活动的人员数在 2002～2010 年经历了两次较大的跌幅，虽然最高值达到了 19743 人，但整体上却由 2002 年的 16085 下降为 2010 年的 10223。见图 4 – 1。

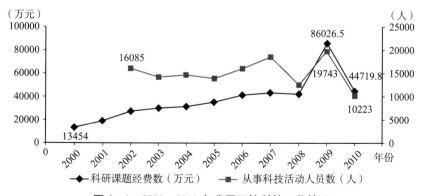

图 4 – 1　2000～2010 年我国环境科技工作情况

第五，环境治理能力方面，在农村环境问题上，2010 年，重庆、湖北等 8 省市开展全国农村环境连片治理首批试点，此后试点范围逐年扩大。2013 年，财政部和环保部在农村环境连片整治和建设"美丽乡村"行动的基础上，又进一步开展了覆盖拉网式农村环境综合整治试点工作。数据显示，截至 2013 年底，中央财政共安排农村环保专项资金 195 亿元，带动地方各级政府财政投入 260 多亿元，支持了 4.6 万个村庄开展环境整治，使 8700 多万农村人口直接受益①。在城市环境治理上，2000～2014 年，城市生活垃圾无害化处理厂数、城市污水日处理能力、城市生活垃圾无害化处理能力都有十分显著的增长（见表 4 - 2）。

虽然最近几年我国环境治理投入大幅增长，但是与发达国家比起来，仍显不足。一方面，在环境治理投入上，通过对比中美两国 2012 年的情况发现，美国环保局的财政预算约为中国的 15 倍，中央环保工作人员为中国的 50 多倍。按人口基数平均以后则可以发现更大的差距：平均每亿居民美国会有 5430 个中央级环保局工作人员提供服务，约是中国的 2236 倍；平均每个居民美国国家环保局会投入约 25 美元以保障其生活环境质量，而中国仅有 0.4 美元左右，约是美国的 1/63。见表 4 - 4。

表 4 - 4　　　　　　　2012 年中美环保部（局）预算及人员对比

环境治理投入	美国国家环保局	中国国家环保部
财政总预算（亿美元）	90	6
工作人员总人数	17106	311
环保预算/总人口（美元/人）	25	0.4
工作人员/总人口（人/亿人）	5430	23

资料来源：转引自中国清洁空气联盟（CAAC）2014 - 03 - 11：《治霾需投入多少钱和人？》：http://www.cleanairchina.org/product/6392.html。

注：中国环境保护部 2012 年部门公开预算中，2012 年支出总计 374085.91 万元，按美元对人民币汇率为 6 计算，约为 6 亿美元。中国工作人员数指环保部机关行政编制人数，若包括环境保护部机关本级、各派出机构、直属单位，截至 2011 年底共有在编人员 2935 人，《环境保护部 2012 年部门预算公开》。此外，中国人口截至 2012 年底为 13.51 亿，美国人口据 US Census 统计截至 2012 年底为 3.15 亿。

---

① 新华网．中国推进农村环境治理［EB/OL］．［2014 - 8 - 20］．http://news.xinhuanet.com/politics/2014 - 08/20/c_1112157593.htm.

另一方面，在环境治理效果上，通过对比七个国家主要年份里获得改善的水资源人口比重、获得改善的卫生设施人口比重以及人均二氧化碳排放量发现，在提供环境公共品上，我国虽然在最近十几年里有很大的进步，但是与主要发达国家相比，仍存在很大的提升空间。见表4-5。

表4-5　　　　　　　　主要年份各国环境治理效果情况对比　　　　　单位：%

国家	获得改善的水资源的人口（占总人口的百分比）			获得改善的卫生设施的人口（占总人口的百分比）		
	2000 年	2010 年	2013 年	2000 年	2010 年	2013 年
中国	80	91	92	44	64	65
德国	100	100	100	100	100	100
印度	81	92	93	25	34	36
日本	100	100	100	100	100	100
韩国	93	98	98	100	100	100
英国	100	100	100	100	100	100
美国	99	99	99	100	100	100

资料来源：《2012 年世界发展数据手册》和《2014 年世界发展数据手册》。

4.1.3　我国外溢性环境公共品的主观需求水平

根据著名的马斯洛需求理论，人类的需求是分层次的，在生理需求、安全需求、社交需求、尊重需求、自我实现需求中由低到高地逐渐过渡升华。在这其中，生理需求是人类最原始、最基本的需要，它包括了对新鲜的空气、清洁的饮水、干净的食物等强烈的不可避免的最底层需要；安全需求比生理需求较高一级，包括了对健康体魄的需求。据世界卫生组织（WHO）估计，每年有超过 350 万人死于室外空气污染，2005～2010 年，全球死亡率上升了4%，2012 年由于空气污染导致的过早死亡人数约有 700 多万人[1]，由此可见，环境治理这一基本公共品所提供的新鲜空气、清洁饮水、幸免于污染的健康体魄等都满足了人类最重要的生理需求和安全需求，在某种程度上，居民愿意做出一定的福利牺牲以换取这一基本公共品。本节将以个人环境保护

---

[1]　UNEP 联合国环境规划署：《联合国环境规划署年鉴 2014：全球环境的新兴问题》。

支付意愿代表环境公共品的主观需求水平，通过构建多元选择模型对居民的环保需求进行实证分析。

1. 数据来源与指标选取

《中国综合社会调查》（Chinese General Social Survey，CGSS）是由中国人民大学中国调查与数据中心负责执行、对中国各省区市 10000 多户家庭开展的年度连续性横截面调查，它系统、全面地收集了社会、社区、家庭、个人多个层次的数据，其中，2010 年的调查问卷中包含了一系列环境相关的问题，总样本量为 11783 个。本研究选取了三个被解释变量 WTP_p、WTP_w 和 WTP_t，分别为问卷中关于环保支付意愿（willingness to pay，WTP）的三个问题，"为了保护环境，您在多大程度上愿意支付更高的价格"、"为了保护环境，您在多大程度上愿意降低生活水平"和"为了保护环境，您在多大程度上愿意缴纳更高的税"，答案选项主要为 5 个等级定序变量："非常愿意"、"比较愿意"、"既非不愿意也非愿意"、"不太愿意"和"非常不愿意"①，从 1～5 依次赋值。见表 4－6。

表 4－6　　2010 年 CGSS 中关于环境治理支付意愿调查结果（N＝11783）　　单位：%

为了保护环境，多大程度上愿意	非常愿意	比较愿意	既非愿意也非不愿意	不太愿意	非常不愿意	拒绝回答、不知道、无法选择
支付更高的价格	8.50	33.82	18.33	23.01	7.05	9.28
降低生活水平	4.96	26.09	17.92	30.77	11.49	8.77
缴纳更多的税额	5.58	28.35	18.85	27.89	8.71	10.62

资料来源：2010 年中国综合社会调查（CGSS2010）。

模型中核心解释变量为污染和收入。通过《中国城市统计年鉴》中的相关数据，本研究将工业废水排放量（万吨）和工业二氧化硫排放量（吨）指标与 CGSS 中的个体地理位置进行匹配，并剔除污染数据缺失的个体。由于问卷访问时间为 2010 年，受访者倾向于根据之前的污染感受来评估自身的环

---

① 问卷中该问题还包括"拒绝回答"、"不知道"、"不适用"和"无法选择"，本研究将这四个变量的样本进行了剔除，因此三个被解释变量下对应着不同的样本量。

保需求，因此本书选取 2009 年的污染数据，避免主观感受的时滞性对结果造成偏误。CGSS 中的收入变量包括被访问个体上一年度的个人收入和家庭收入两个指标，考虑到现实中个人做出经济选择时更多地需要参考家庭整体收入，因此本书选取上一年度家庭收入作为收入指标[①]。为消除异方差，对污染和收入指标均取自然对数。控制变量主要为个体特征变量，包括年龄、性别、健康和教育，均作虚拟变量处理。其中，采访时年龄为 60 岁及以上取 1，否则取 0；女性取 1，男性取 0；认为自己"很健康"、"比较健康"和"一般"取 1，"比较不健康"和"很不健康"取 0；"大学本科（成人高等教育）"、"大学本科（正规高等教育）"、"研究生及以上"和"其他"取 1，否则取 0[②]。

2. 模型设定

借鉴而不同于 Levinson（2012）的模型，本研究构建了如下基本模型来估计实际污染水平对居民环保支付意愿的影响：

$$WTP_i = \beta Pollution_j + \gamma lnIncome_i + \theta Control_i + \varepsilon_i \qquad (4-4)$$

其中，WTP_i 表示第 i 个受访者为了获取环境公共品而做出牺牲的支付意愿，包括支付更高的价格 WTP_p、降低生活水平 WTP_w 和缴纳更多的税 WTP_t，$Pollution_j$ 表示第 j 个城市的污染排放量，包括工业废水排放量和工业二氧化硫排放量，$lnIncome_i$ 表示第 i 个受访者去年一年的家庭收入的自然对数，$Control_i$ 为第 i 个受访者的年龄、性别、健康和教育情况。由于环保支付意愿 WTP_i 是可以有效区分的有序变量，在实证研究中通常采用离散有序变量模型进行估计，本书主要采用 Ordered-probit 模型进行估计，同时也呈现了 Ordered-logit 模型和 OLS 方法的估计结果。为了保障样本量的充足，本书将 WTP_p、WTP_w 和 WTP_t 对应为三个不同的模型："模型①"、"模型②"和"模型③"，每一个模型下对应的样本量也有所差异。由于在模型③"缴纳更多的税"这一问题下，所有变量均不显著，笔者认为这与我国居民长期存在的对税的反感和抵触情绪有关，因此在下文中对模型③的相关变量描述性统计、回归结果以及边际效应结果均不作列示。见表 4 - 7。

---

① 经笔者验证，以受访者去年的个人收入作为收入指标，对结果的影响较小。
② 在关于健康和教育的问题中，均剔除"拒绝回答缺失值"样本。

表 4 -7　　　　　　　　　各模型下主要变量的描述性统计

变量	模型	平均值	标准差	最小值	最大值
WTP	①	2.852319	1.132186	1	5
	②	3.204846	1.137349	1	5
废水 （对数）	①	8.852503	1.262361	4.804021	11.28927
	②	8.857656	1.255855	4.804021	11.28927
二氧化硫 （对数）	①	10.88658	1.132585	4.634729	13.28127
	②	10.889	1.132953	4.634729	13.28127
家庭收入 （对数）	①	10.83477	2.143274	6.214608	16.1181
	②	10.83845	2.149156	6.214608	16.1181
年龄	①	0.2253077	0.4178507	0	1
	②	0.2256136	0.4180515	0	1
性别	①	0.5247712	0.4994648	0	1
	②	0.2256136	0.4180515	0	1
健康	①	0.8324393	0.3735347	0	1
	②	0.8332284	0.3728304	0	1
教育	①	0.0877248	0.282939	0	1
	②	0.0881057	0.2834932	0	1

3. 回归结果分析

表 4 - 8 为模型①WTP$_p$ 的回归结果，即用"为了保护环境，您在多大程度上愿意支付更高的价格"来反应居民的环保支付意愿。结果表明，工业废水排放量与环保支付意愿显著负相关，即废水排放量越多，居民用更高的价格换取环境公共品的需求就越强烈[①]；家庭收入与环保支付意愿也呈负相关，但显著性较弱，说明在一般情况下，家庭收入越多，居民越愿意支付更高的价格来换取环境公共品，这与通常的预期结果一致；而二氧化硫排放量结果并不显著，这部分归因于相比于水污染而言，二氧化硫污染给居民带来的危害感知度较弱。

---

① 对于环保支付意愿问题的回答，1 表示非常愿意，5 表示非常不愿意，呈递减关系，因此回归系数为负则表明支付意愿更强烈。

表 4 – 8 模型①居民支付更高价格以保护环境的需求
意愿与污染的实证回归结果（N = 3146）

指标	Ordered-probit		Ordered-logit		OLS	
家庭收入	-0.0135 (0.0089)	-0.0177** (0.0088)	0.0049 (0.0152)	-0.0311** (0.0150)	-0.0158* (0.0096)	-0.0211** (0.0095)
废水污染	-0.0410** (0.0171)	—	-0.0837*** (0.0309)	—	-0.0512*** (0.0179)	—
二氧化硫污染	—	-0.0066 (0.0177)	—	-0.0158 (0.0314)	—	-0.0112 (0.0187)
年龄	0.0452 (0.0475)	0.0354 (0.0475)	0.0783 (0.0813)	0.0597 (0.0813)	0.0485 (0.0506)	0.0367 (0.0506)
性别	0.0512 (0.0382)	0.0509 (0.0382)	0.1066 (0.0657)	0.1058 (0.0658)	0.0563 (0.0406)	0.0562 (0.0407)
健康	-0.0128 (0.0554)	-0.0154 (0.0553)	-0.0227 (0.0958)	-0.0273 (0.0960)	-0.0180 (0.0588)	-0.0213 (0.0588)
教育	-0.3009*** (0.0592)	-0.3107*** (0.0593)	-0.4845*** (0.1016)	-0.5057*** (0.1018)	-0.3325*** (0.0621)	-0.3442*** (0.0623)
最大似然比	-4557.41	-4560.90	-4555.96	-4560.51	—	—
伪 R^2	0.0046	0.0039	0.0049	0.0039	—	—

注：说明括号中为稳健性标准误差，***、**、*分别表示1%、5%和10%的显著性水平。

表 4 – 9 为模型②WTP_w的回归结果，即用"为了保护环境，您在多大程度上愿意降低生活水平"来反应居民的环保支付意愿。结果显示，废水污染和二氧化硫污染的系数都显著为负，说明两种污染的增加都会提高居民降低生活水平以保护环境的意愿；此时家庭收入系数虽然也为负，但结果并不显著。

表 4 – 9 模型②居民降低生活水平以保护环境的需求
意愿与污染的实证回归结果（N = 3158）

指标	Ordered-probit		Ordered-logit		OLS	
家庭收入	-0.0069 (0.0090)	-0.0096 (0.0089)	-0.0104 (0.0153)	-0.0157 (0.0150)	-0.0070 (0.0097)	-0.0099 (0.0096)
废水污染	-0.0439*** (0.0164)	—	-0.0795*** (0.0295)	—	-0.0461*** (0.0174)	—

续表

指标	Ordered-probit		Ordered-logit		OLS	
二氧化硫污染	—	−0.0525 *** (0.0168)	—	−0.0822 *** (0.0294)	—	−0.0524 *** (0.0178)
年龄	0.0145 (0.0468)	0.0133 (0.0468)	0.0271 (0.0808)	0.0228 (0.0809)	0.0142 (0.0503)	0.0123 (0.0502)
性别	0.0512 (0.0379)	0.0541 (0.0380)	0.0870 (0.0650)	0.0938 (0.0651)	0.0577 (0.0408)	0.0604 (0.0408)
健康	0.0070 (0.0526)	0.0054 (0.0530)	0.0018 (0.0899)	−0.0027 (0.0899)	0.0011 (0.0565)	−0.0004 (0.0565)
教育	−0.1348 ** (0.0636)	−0.1304 ** (0.0638)	−0.2151 ** (0.1076)	−0.2093 * (0.1080)	−0.1402 ** (0.0700)	−0.1366 * (0.0702)
最大似然比	−4597.83	−4596.99	−4597.82	−4598.10	—	—
伪 R^2	0.0020	0.0022	0.0020	0.0020	—	—

注：说明括号中为稳健性标准误差，***、**、* 分别表示1%、5%和10%的显著性水平。

表4-10为各模型中居民在每一种选择下所对应的边际效应值及标准差。只有模型①中的二氧化硫污染的边际效应不显著。具体而言，在 Probit 模型下，针对"支付更高的价格"来换取环境公共品的意愿，其他条件不变时，工业废水排放量变量每增加一个单位，居民选择"非常愿意"和"比较愿意"的可能性就会分别增加0.66%和0.97%，而选择"不太愿意"和"非常不愿意"的可能性就会分别减少0.89%和0.59%。同样地，在 Probit 模型下，针对"降低生活水平"来换取环境公共品的意愿，其他条件不变时，工业废水排放量变量每增加一个单位，居民选择"非常愿意"和"比较愿意"的可能性就会分别增加0.45%和1.14%，选择"不太愿意"和"非常不愿意"的可能性就会分别减少0.84%和0.91%。而在 Logit 模型下变化的方向仍保持一致，只是相应的可能性变化的数量略有差异。

表 4 - 10 各模型下的边际效应

模型	被解释变量的不同取值	Probit 模型	Probit 模型	Logit 模型	Logit 模型
		废水	二氧化硫	废水	二氧化硫
模型①：为了保护环境，您在多大程度上愿意支付更高的价格	非常愿意	0.0066 ** (0.0027)	0.0011 (0.0028)	0.0067 *** (0.0024)	0.0013 (0.0025)
	比较愿意	0.0097 ** (0.0041)	0.0016 (0.0042)	0.0141 *** (0.00528)	0.0027 (0.003)
	既非愿意也非不愿意	-0.0015 ** (0.0006)	-0.0002 (0.0006)	-0.0023 *** (0.0009)	-0.0004 (0.0009)
	不太愿意	-0.0089 ** (0.0038)	-0.0014 (0.0038)	-0.0125 *** (0.0047)	-0.0024 (0.0047)
	非常不愿意	-0.0059 ** (0.0025)	-0.0009 (0.0025)	-0.0060 *** (0.0022)	-0.0011 (0.0022)
模型②：为了保护环境，您在多大程度上愿意降低生活水平	非常愿意	0.00450 *** (0.00170)	0.0054 *** (0.0018)	0.0038 *** (0.0014)	0.0039 *** (0.0014)
	比较愿意	0.0114 *** (0.0043)	0.0137 *** (0.0044)	0.0139 *** (0.0051)	0.0144 *** (0.0051)
	既非愿意也非不愿意	0.0015 ** (0.0006)	0.0018 *** (0.0006)	0.0021 ** (0.0009)	0.0022 ** (0.0008)
	不太愿意	-0.0084 *** (0.0031)	-0.0100 *** (0.0032)	-0.0110 *** (0.0041)	-0.0114 *** (0.0041)
	非常不愿意	-0.0091 *** (0.0034)	-0.0108 *** (0.0035)	-0.0087 *** (0.0033)	-0.0090 *** (0.0033)

注：说明括号中为稳健性标准误差，*** 、** 、* 分别表示 1%、5% 和 10% 的显著性水平。

4.1.4 我国外溢性环境公共品供需水平比较

2012 年 12 月，环保部、发展改革委和财政部联合发布了我国第一个综合性大气污染防治规划，即《重点区域大气污染防治"十二五"规划》。该规划提出，到 2015 年，我国重点区域可吸入颗粒物年均浓度要下降 10%，细颗粒物年均浓度要下降 5%，重点行业主要大气污染物排放强度到 2017 年底下降 30% 以上。这份规划直接把解决人民群众最关心的 PM2.5 作为防治污染的根本出发点和落脚点。2014 年 5 月，国务院发布《2014~2015 年节能减排低碳发展行动方案》，进一步明确了 2014~2015 年的工作目标，即氮氧化物排放量逐年下降 5% 以上，单位 GDP 能耗逐年下降 3.9% 以上，化学需氧量、二氧化硫和氨氮均下降 2% 以上，单位 GDP 二氧化碳排放量两年分别下降 4%、3.5% 以上。这些工作计划与目标都间接的反映了政府对环境治理的迫切需求。

作为世界上最大的发展中国家，在实现经济飞速发展之后，我国逐渐面临资源与环境的双重压力。发达国家在上百年工业化进程中分阶段出现的环境污染问题，在我国改革开放以来近 30 多年的快速发展中，却以复合型和压缩型特点爆发式出现。老的环境问题尚未得到解决，新的环境问题却日益凸显，公众对环境质量改善的需求与政府提供的环境治理公共品之间仍有较大差距。

在财政预算视角下，环境治理资金纵向拨付过程中存在着预算数和执行数上的差异。预算数表示项目集中性的财政收支计划和预测，反映了对项目投入的需求量；执行数表示在预算的基础上所实际发生的收支情况，表示当年项目资金的实际供给量。在我国中央对地方税收返还和转移支付年度预算表中，均衡性转移支付中的"重点生态功能区转移支付"预算数和专项转移支付中的"节能环保支出"预算数都表现了国家或中央政府层面对环境治理这一外溢性公共品的需求，而相应的实际执行数则进一步量化了中央政府实际的环境治理资金供给水平。从表 4 - 11 中可以发现，如果只看中央对地方环境治理相关的专项转移支付资金，其预算数与执行数的比例并不稳定，即供需比并不稳定，近两年则呈现明显的资金供给不足现象①。

表 4 - 11   中央对地方节能环保（环境保护）专项转移支付执行和预算情况

年份	预算数（亿元）	执行数（亿元）	预算数/执行数（需求量/供给量）
2008	847.58	974.09	87.01%
2009	1199.27	1113.9	107.66%
2010	1357.62	1373.62	98.84%
2011	1517.48	1548.84	97.98%
2012	1705.66	1934.78	88.16%

---

① 由于我国预算编制和执行情况受诸多因素的影响，笔者承认，该结论的得出还需更加谨慎。

续表

年份	预算数（亿元）	执行数（亿元）	预算数/执行数（需求量/供给量）
2013	2007.57	1731.32	115.96%
2014	1818.42	1629.44	111.60%

资料来源：根据财政部网站中历年"中央对地方税收返还和转移支付预算表"整理所得。

注：2010年及以前的"中央对地方税收返还和转移支付预算表"中环境相关的专项转移支付类目名称为"环境保护"支出，之后的则为"节能环保"支出。为便于同口径比较，本表中2014年执行数做了部分调整：一是根据2015年转移支付的清理、整合、规范情况，对相关项目按新的口径进行了调整；二是根据从2015年起部分政府性基金转列一般公共预算情况，将相关政府性基金2014年执行数104.9亿元调整列入相关科目。

4.2 我国外溢性公共品供给水平不足的原因解析

4.2.1 中央对地方供给外溢性公共品的财政激励不足

传统财政分权理论植根于发达的市场经济国家，而在我国特殊的财政体制和经济体制下，民主集中制和官员任命制使得中央政府在政治上拥有绝对权力，这就形成了我国独有的中国式财政分权制度[①]。在公共品供给问题上，传统的财政分权理论属于"自下而上"的需求诱导型分权，即如果不同层级政府能同时提供同质的公共品，那么由较低层级政府来提供效率会更高（Oates，1972）。然而，我国自1994年分税制改革之后，财政收入集中度和财政支出分权度同步升高（见表4-12）。一方面，中央汲取了大部分税收，财权逐渐向上集中，财政收入在中央和地方之间的分配格局被改变；而另一方面，财政支出任务在中央与地方之间的划分格局并未做出相应的改变，仍然承袭了按照隶属关系划分职能的历史原则，尤其是在多层级政府治理体系

---

① Tiebout（1956）、Musgrave（1959）、Oates（1972）等人推进了第一代财政分权理论的正式形成，然而，随着公共选择理论的兴起，传统财政分权的核心假设"仁慈型政府"越来越受到经济学者的质疑，而以Montinola等（1995）、Qian和Weingast（1997）等为主要代表的"市场维持型联邦主义"理论，借鉴公共选择理论"理性人政府"假定，借助新厂商理论打开了政府这个"黑匣子"，并以转轨时期的中国为蓝本，深入分析了地方政府官员内在激励对地方政府行为及经济增长的影响，从而形成了第二代财政分权理论，这一理论对我国的经济、政治和财政体制都产生了深远的影响。

内，事权频频向下转移，事权和支出责任不适应的现象日益突出。表 4 - 12
中，各地的财政支出分权度都显著高于财政收入分权度，2014 年我国地方实
际支出占全国财政支出的 85.1%，也就是说，中央财政本级支出只占
14.9%，而这一水平远低于 OECD 国家 46% 的平均值，可见相比于总财政收
入而言，我国地方政府承担了过多的支出责任。

表 4 - 12　　　　　　　　　2014 年全国各地财政分权度

地区	本级收入（亿元）	财政收入分权度（%）	本级支出（亿元）	财政支出分权度（%）
中央	66493.45	—	22570.07	—
北京	4027.16	6.06	4524.67	20.05
天津	2390.35	3.59	2884.70	12.78
河北	2446.62	3.68	4677.30	20.72
山西	1820.64	2.74	3085.28	13.67
内蒙古	1843.67	2.77	3879.98	17.19
辽宁	3192.78	4.80	5080.49	22.51
吉林	1203.38	1.81	2913.25	12.91
黑龙江	1301.31	1.96	3434.22	15.22
上海	4585.55	6.90	4923.44	21.81
江苏	7233.14	10.88	8472.45	37.54
浙江	4122.02	6.20	5159.57	22.86
安徽	2218.44	3.34	4664.10	20.66
福建	2362.21	3.55	3306.70	14.65
江西	1881.83	2.83	3882.70	17.20
山东	5026.83	7.56	7177.31	31.80
河南	2739.26	4.12	6028.69	26.71
湖北	2566.90	3.86	4934.15	21.86
湖南	2262.79	3.40	5017.38	22.23
广东	8065.08	12.13	9125.64	40.43
广西	1422.28	2.14	3479.79	15.42
海南	555.31	0.84	1099.74	4.87
重庆	1922.02	2.89	3304.39	14.64
四川	3061.07	4.60	6796.61	30.11
贵州	1366.67	2.06	3542.80	15.70
云南	1698.06	2.55	4437.98	19.66

续表

地区	本级收入（亿元）	财政收入分权度（%）	本级支出（亿元）	财政支出分权度（%）
西藏	124.27	0.19	1185.51	5.25
陕西	1890.40	2.84	3962.50	17.56
甘肃	672.67	1.01	2541.49	11.26
青海	251.68	0.38	1347.43	5.97
宁夏	339.86	0.51	1000.45	4.43
新疆	1282.34	1.93	3317.79	14.70

资料来源：根据 2015 年《中国统计年鉴》中的相关数据计算而得。

在这样的背景下，受理性官僚控制的地方政府会在既定体制内以追求自身利益最大化为目标，而提供公共品满足居民公共诉求这一任务的优先顺序一直在经济建设之后，加上责任主体的不明晰更进一步刺激了地方政府的自利行为，于是逐渐形成了中国特色的"自上而下"供给主导型财政分权体制。这一体制虽然增加了地方政府的财政收支权力，却减少了可供地方分配的预算资源，加上中央事权的不断下放，一定程度上加重和恶化了基层财政困境，地方政府只能依赖于中央转移支付、招商引资发展经济等方式来应对公共品需求压力，同时为了控制支出，对中央政策置若罔闻或者选择性执行，公共品供给的意愿和能力严重不足。这样的恶性循环严重弱化了地方政府"为公共品而竞争"的激励机制，对于地方而言，提供公共品远没有发展经济、增加财政收入更具有吸引力，因此地方公共品有效供给不足已然成为普遍现象。

在这种事权与支出责任不适应的大环境下，外溢性公共品在地区间的收益溢出效应使其相应的支出责任变得更加复杂。在条块分割的行政辖区背景下，受制于中央绩效考核和地方官员竞争的双重压力，各级地方政府的关注点容易仅仅局限于本辖区内公共品问题，而对跨辖区环境公共品的提供则很难进入地方决策视野。加之外溢性公共品在相关联辖区间的供给职责不明晰，且其收益的外溢性可能反而有利于"竞争对手"地区，这种责任与收益的不对等进一步强化了地方政府的搭便车动机和狭隘的竞争观，使得各地方政府对外溢性公共品供给更容易产生严重的卸责与推诿倾向。同时，由于环境公共品的经济效应周期长、见效慢，甚至会与地方的短期经济发展目标相冲突，容易成为地方政府政策决策过程中的忽略对象，因此，激励不足就成为了外溢性环境公共品供给乏力的主要原因之一。

4.2.2 现有体制下地方政府职能扭曲

中国式财政分权始终伴随着垂直的政治管理体制①，地方官员由上级政府任命，中央始终控制着对地方官员执政能力、业绩考核以及是否给予晋升的人事任免权。在公共需求表达上，由于我国"用手投票"机制还不完善，公众参与公共决策的能力还很弱，"用脚投票"又受到户籍制度和城乡差别化政策的限制，因此不同于西方国家选举制下的"对下负责"，我国地方官员需要"对上负责"，即要满足中央政府而非地方选民的偏好。这样，政治上的集权化就迫使地方政府严格遵从中央的考核标准和考核任务。

自20世纪80年代以来，官员升迁的考核标准由政治表现为主转变为以易于衡量的经济增长为主，这一官员激励方式上的重大转变，形成了基于辖区经济增长绩效的政绩观，一定程度上助推了地方追求数量型经济的热情，而这就使得经济分权下地方政府对经济利益的追逐恰好迎合了政治集权下中央政府对地方经济增长绩效的政绩考核，这不单极大地调动了地方政府建设经济的热情，更诱使地方政府以提高GDP为首要甚至是唯一职能。同时，由于环境治理、教育、医疗、社会保障等公共品对经济增长的贡献远不如基建项目，见效周期也更长，甚至在投资还未产生显著收益时地方官员有可能已经被调离该地区，所以地方对这些所谓"吃力不讨好"的公共品的财政投入严重不足，反而致力于通过税收优惠、招商引资等手段竞相开展有利于彰显政绩的基础设施建设，政府职能被严重异化，也从根本上造就了地方政府"重基础建设、轻公共服务"的支出结构扭曲。

目前，中央政府主要通过三种机制来执行其环境政策：第一，设定计划和议程；第二，允许地方在环境政策实施过程中的灵活性；第三，建立干部责任制和评价制度。虽然中央政府对环境问题的关注程度日益增加，但这并

---

① 垂直管理体制是我国政府管理中的一大特色，指中央部委或省直接管理地方职能部门，既管事权，又管"人、财、物"权，地方政府不再管理地方职能部门，包括工商、税务、质量监督、交通等。目前，环境保护、安全监督等部门也在积极启动垂直管理进程。

不必然会转换成地方管理层面环境政策的有效性。一方面，中央与地方的讨价还价、策略博弈，会使地方环保政策的具体落实大打折扣。由于在中央经济绩效考核压力下，控制污染、治理环境并非地方政府的首选任务，减少污染甚至意味着 GDP 增速的减缓以及政府收入的缩减，因此地方政府往往会"灵活"调整对中央环保政策的执行力度。另一方面，环保政策在地方的落实和实施还依赖于地方环保部门的监管和执行。在我国，地方环保部门属于地方政府的"下属职能部门"，其执行力度和程度都不可避免地会受到地方政府的干预和影响。在晋升动机下，地方官员往往会选择放松本地环境监管制度来吸引流动性要素和资源，以突出地方官员的经济增长绩效，这样，具有明显溢出效应的环境政策就成为了地方政府的首选牺牲品，这也在客观上造成了"资本挟持环境治理"的逆向激励，地方政府提供公共品、改善民生的职能被严重弱化。

4.2.3 地方官员个人利益最大化动机

Niskanen（1971）、布坎南和塔洛克（2000）提出，政治家、政府官员等官僚"政治人"也摆脱不掉追求个人私利的理性经济人本质，都会努力实现包括公共权利、经济收入和个人声誉等在内的自我利益和效用最大化。自公共选择理论引入国内以来，学者们就开始意识到政府官员对个体利益的追求会影响公共决策的形成与制定。在中国式财政分权体制下，为了提高各地方发展经济的积极性和能动性，中央将部分经济决策权下放给地方，并依据 GDP 增长率、财政收入增量等指标对各地的经济增长绩效进行考核。因此，那些经济增速越快的地方，通过增量分成获得的财力也就越多，这样地方官员寻租的可能性也就更大，包括来自企业的税收、收费和红利等成为了政府收入的主要来源，而培养和维护这些税收、收费和红利的增长就有助于提高官员和其他政府工作人员的个人收入，这也是造成地方官员腐败的原因之一。

依据组织控制功能的不同，我国政治体制中包含了两层官僚水平。第一层即控制层，包括中央政治局和国务院；第二层即被控制层，包括部委和省级政府①。之所以这样划分，原因在于这两个层级的偏好差异最为尖锐，并且控制层的代理人可以行使对被控制层代理人的人事权。部委和省级政府都有明确的利益倾向，并通常都会以整个体系的"共容利益"（encompassing interest）为代价而追求自身的部门或管辖区利益。不同于单一功能的部委，省级官员的职责包括很多方面，农业、工业、财政、医疗卫生、教育、公共安全和环境治理等。这样就会产生以下问题：其一，对于多任务的官员，只监控其在一个任务上的绩效指标是不可取的。这就会鼓励引导对这个和激励方案相关联的单个任务的过度关注，从而减少了在同等重要的其他任务上的时间和精力；其二，当存在多个不同任务时，地方官员可能会在各任务之间进行显著的权衡比较：一个任务可能只有以牺牲另一个任务为代价才能有所成效。随着财政分权的不断深入，我国经济结构越来越具有 M 型组织特征②。在逐渐拥有了经济发展主导权和财政收支自主决策权以后，地方政府的独立利益主体地位得到了巩固和强化，与中央决策者的回旋余地也逐渐扩大，地方官员追求自我利益的倾向和动机日益增强。根据选举理论，当权者更有可能强调短期投资回报，并在短期内会将租金收益最大化。如果当权者认为博弈游戏规则很有可能会改变时，他们就不太可能提供公共品，这一点在我国不具有持续性的官员任期制度下也同样有效。一般情况下，如果当权者认为某项公共品或者其有益的连锁效应很有可能会在他们失去辖区管理权力后才生效，他们就不会提供该公共品。当官员大量或频繁更替时，这种可能性还会增加。1978 年以来，我国地方官员治理制度中先后引入了有限任期制度和鼓励异地交流的政策，官员只需要对任期内的辖区发展情况负责，这样就给地方政府提供了短期内强行刺激经济增长的激励。对于那些见效慢、收益外溢的公共品或公共项目，其投资收益很有可能会成为辖区下一任官员或相邻辖区官员的政绩，而获益的竞争对手反过来还会影响本辖区官员的考核与升迁，因此很难进入地方官员的发展计划。

---

① 在我国，部委和省级政府之间本身也存在偏好上的差异，比如部委相对于省级政府而言并没有占据一个控制地位。部委虽然行使着中国官场术语中所说的"专业性功能"（professional functions），但并不具备对省级政府官员的任命权。

② 具体内容参见 Qian 和 Xu（1993）、Qian 和 Roland（1998）的经典论文。

有观点认为我国属于世界上最为分权的国家之一①，甚至认为是"事实上的联邦制"②，环境政策实施系统也是极度分权式的，依旧保持着"中央决策，地方执行"的体制：在中央掌舵的前提下，地方展开自由裁量。具体而言，中央政府、环保部负责制定环境法律法规、标准和政策，而地方政府和各地的环保局负责政策的实施和执行，省级政府拥有环境治理执行的实际权力。分权为地方执行者留出了和更高层级政府讨价还价的空间，进而根据地方自身条件来争取对政策执行的战略性调整。而当中国式分权的财政体制和复杂的政府官僚层级制相结合时，单一维度的 GDP 考核体系会促使地方政府形成"届别机会主义行为倾向"，在纵向信息不对称作用的强化下，地方政府短视的自利行为很可能伤害整体利益，出现所谓的激励不相容现象。在环境问题上，除了足量的要素投入，污染治理的成果和效益还需要一定的时间才能显现，这种绩效的滞后性抑制了地方政府提供环境公共品的动机，甚至诱使地方官员通过操纵统计数据等手段来逃避环境治理责任。因此对于中央下达的环保监管政策，地方官员可能更多地将其视为 GDP 增长的阻力和当地发展计划的"瓶颈"，并根据自身需求灵活选择执行力度，通过"上有政策，下有对策"的手段来换取工业生产带来的经济发展，从而增加个人利益，这也就造成了我国落后地区"以环境换经济"的现象。

4.2.4 地区间在外溢性公共品供给上的不合作倾向

一方面，在我国高度集权的垂直政治管理体制下，中央政府以相对经济增长指标作为衡量地方政府绩效的关键性指标③，根据各地区相对绩效考核机制来对地方政府进行奖励或惩罚，即邻近辖区、经济水平相似辖区或前任官员的经济增长情况对本地区官员的绩效考核具有很大的影响力。作为单一制国家，我国政治系统由五层管理机构构成：中央、省、地市、县、乡，而

---

① Laundry P F. Decentralized Authoritarianism in China：The Communist Party's Control of Local Elites in the post – Mao-era ［M］，Cambridge University Press. 2008

② 参见 Zheng（2007）、Tsui 和 Wang（2004）。

③ 相对绩效考核机制是指，中央政府对于地方官员的考核评价，并非基于本任官员经济增长的绝对表现，而是基于本任官员经济增长与前任官员经济增长、周边省份经济增长平均值以及本地区长期经济增长趋势之间的差距（周黎安等，2005）。

在这种政绩考核体制下，各级地方官员都十分着迷于同级之间根据 GDP 等经济绩效指标进行排名，以此争取晋升机会。由于可供晋升的政治职位具有一定的稀缺性，因此官员的政治晋升属于非此即彼的"零和博弈"①。这样，地方官员就会为了争取政治升迁而努力通过辖区经济增长来展开激烈的标尺竞争。此外，根据合约激励理论，锦标赛制下，代理人之间会不择手段地互相"拆台"以争取较好的名次，各种类似的恶性竞争行为必然会严重破坏团队合作和组织整体利益。在这样的背景下，本身就因周期长、见效慢而不受地方官员青睐的公共品项目，当其收益可能会与竞争性相邻地区共享时，地方政府就更不愿意独立承担外溢性公共品的供给成本了。

另一方面，在环境治理问题上，环境公共品具有极强的正外溢性，减排、治污、绿化等项目都会给第三方带来"零成本"收益。同时，其特殊性在于，一旦停止供给环境公共品，其逆转效应就会被放大，随即产生极强的负外部性——环境污染，而外部性总是会伴随着免费搭便车问题。环境公共品尤其是环境资源，由于具有天然物品的属性，每个人都有权"免费"占有及使用，并忽视其对第三方产生的外溢效应。传统的环境联邦主义理论认为，地方政府竞争会引致各地争相放松环境监管标准的竞次现象，进而加剧环境污染状况②。显而易见，污染的负外部性使相关联地区逃避分摊成本，相应地，污染治理具有显著的正外溢性，即收益会在相关辖区间分享，双重特性导致地方政府不愿意增加财政支出进行污染治理。

4.3 有效保障外溢性环境公共品供给水平的制度选择

4.3.1 明确事权与支出责任，增加地方可支配财力

合理调整并明确中央和地方政府间的事权与支出责任，从而保证权利与责任、办事与花钱相统一，促进各级政府各司其职、各负其责、各尽其能。

---

① 周黎安. 中国地方官员的晋升锦标赛模式研究 [J]. 经济研究，2007，7（36）：36－50.

② Esty D C. Revitalizing environmental federalism [J]. Michigan law review, 1996, 95 (3): 570－653.

对于外溢性局限在特定辖区内、主要与当地居民日常生活密切相关的环境公共品，应将其供给责任划分为地方事权，比如农村改水改厕、城市垃圾无害化处理等，各地方应根据当地居民差异化偏好自行供给；对于外溢性相对集中、不对称性程度较小、地域管理信息优势明显的环境公共品，可以作为中央和地方共同事权，由中央与地方共同承担。其中，中央通过专项转移支付委托地方承担，主要负责资金支持和宏观统筹，由相关地方通过自行协商来履行直接供给责任，比如京津冀地区的雾霾治理以及上海、江苏、安徽、江西、河南、湖北、湖南、广西八省区市的长江中下游流域水污染防治等；对于外溢范围较广、程度较强、不对称性较严重的这部分环境公共品，地区之间的自愿协商可能会因巨大的谈判成本而失效，此时就应该适度增加中央的环境事权，将相关责任和事权明确到中央政府，由中央政府从宏观层面统一供给，比如全国防沙治沙行动。

具体而言，在增加地方外溢性公共品供给财力上，其一，完善转移支付制度，增加地方政府的可支配收入，从而缓解地方支出责任与财政资源不匹配的问题。辖区间外溢性问题通常需要通过中央政府的转移支付来解决，同时，除了转移支付带来的资金鼓励以外，中央还要加强对地方在环保技术、人员、设备等方面的支持，协调和监督地区间的横向合作。其二，试行开征环境税，推进绿色税制改革，这不仅可以弥补中央和地方的资金缺口，确保资金真正用到了环保上，还可以提高全民环保意识。其三，发挥市场资源配置的决定性作用，大力推广政府购买环保服务，将 PPP 模式引入到环保项目中，解决环保产业融资和盈利问题，从而缓解环境公共品的供需矛盾，包括污水处理、垃圾无害化处理、环境监测能力和保障水源地安全等公共服务。

4.3.2 改革官员绩效考核制度，强化环境责任意识

在我国，环境保护事务的具体执行很大部分取决于地方政府，因此，如何强化地方官员的环境责任意识、从根本上转变其行为动机才是解决我国地区间外溢性环境公共品供给最核心、最根本的问题。在多层级"压力型体制"和官员政治锦标赛制度背景下，改革目前"唯 GDP"的官员绩效考核制度是需要解决的首要问题。

第一，明确地方各级人民政府对保障本辖区环境质量负责，把环境保护纳入领导班子和领导干部考核的重要内容，强化地方官员的环保责任意识，推行环境质量行政领导负责制。第二，增加以环境质量为核心的环保考核指标，将考核情况作为干部选拔任用和奖惩的依据之一，对环境保护工作实行"一票否决"，强化地方官员推进环保工作的内在激励。不仅要注重类似污染治理投资额等投入型指标，更要注重与环境改善实际效果相联系的结果型指标，比如PM2.5、PM10、二氧化碳浓度等，防止地方政府在可操控的投入指标上做表面文章。第三，转变政府职能，强化政府公共品供给职责，强调"以人为本"，建立服务型政府。此外，还要树立科学的经济增长观和正确的政绩观，逐渐降低地方间相对绩效评估的激励作用，从根本上消除GDP竞赛对经济社会发展所造成的诸多弊端，促进经济社会协调可持续发展。

4.3.3　构建地区间外溢性公共品供给的合作机制

作为"自利"的经济主体，地方政府只关心本辖区内没有外溢性或外溢性较小的环境公共品的供给问题，对于外溢性较强的则依赖于中央或者直接将供给责任推给收益外溢"相邻"的地方，中央政府往往简单地选择通过资金支持来解决，而获得资金的地方是否真实地按照资金用途来供给外溢性环境公共品却是一个未知数。因此，对于这部分外溢性较强的环境公共品，除了需要中央资金支持以外，更多的仍需要地方之间自行构建以自由协商为基础的联合供给机制。

类似于"行政边界"或"经济边界"的界定，针对外溢相对集中、不对称性程度较小的污染物，在一定范围内的地理空间上一定存在一个聚集的"环境边界"。那么在此边界内相关联的地区之间，可以针对该污染的治理制定一个合作供给与成本分摊协议。在理论层面上，合理清晰的合作协议涉及到相关主体的切实利益，因此横向协商在各主体之间具有一定的有效性；在实践层面上，自愿合作机制培养了各方遵从协议的内在动机。相关主体之间不仅能主动积极完成协议，还能起到互相监督的作用；在合作的具体内容上，各方可以根据自身的资源禀赋，积极发挥比较优势和规模效应，不仅可以实现信息互通互补，还可以进一步加强在知识技术、人力与设备上的交流与共享，从而共同治理"环境边界"内的污染问题。

4.3.4 强化政府部门以外各主体自愿供给的意愿和动机

环境公共品的特点之一在于涉及范围特别广、与市场各主体都密切相关。这样，除政府部门以外，企业、居民个人、民间组织等社会成员都具有潜在的供给意愿和供给能力，而这部分"零散"的供给量可以有效弥补被政府忽视的环保领域。

第一，要增加相关环境信息的透明性和公开度，宣传和普及环保知识，提高全民环境意识和素养，不仅可以强化社会各主体自愿供给环境公共品的动机，还有利于企业、民间组织等主体进一步开展环保行动，弥补政府在外溢性公共品供给中的不足。第二，在环境公共品供给问题上，民间环保组织可以有效地弥补政府供给与市场供给的缺陷与不足，具有二者无法替代的优势。首先，作为社会各阶层的利益代表，民间环保组织可以有效整合社会环保诉求，形成压力集团以监管政府环境政策的制定和执行；同时，不同于政府部门与市场部门，民间环保组织属于无直接利益冲突的第三方，能更及时有效地获取各方信息，有效供给环境公共品。其次，在环境治理中，民间环保组织作为一个相对独立的自治组织，可以充分利用领导者效应带动公众自觉主动减少污染①，强化社会环保意识，从而逐渐形成各主体对环境公共品的自愿供给机制。

---

① 刘蓉，王雯. 经济社会发展中的公害品：理论，形式及其治理 [J]. 经济理论与经济管理，2013（6）：69－76.

| 5 |

我国地区间外溢性环境
公共品供给结构分析

5.1 我国外溢性环境公共品供给结构的分解和测算

"结构"是指各个组成部分的搭配和排序①。从"结构"的基本含义出发，一般而言，外溢性公共品供给结构是指具有外溢性的公共品在供给过程中各个组成部分的搭配和排序问题。借鉴市场营销学中的"5W"思维②，外溢性公共品供给结构应该主要包括供给主体结构（由谁供给）、供给区域结构（在哪些地区供给）、供给种类结构（供给哪些公共品）三个方面。

5.1.1 外溢性环境公共品供给主体结构失衡

外溢性公共品的基本属性即公共品，同样具有非排他性和非竞争性，这些特征暗含了市场价格机制面临的困境，即"免费搭便车"问题，此时，公共品的市场生产或供给并不能达到社会所需的有效水平，因此政府必须是公

---

① 中国社会科学院语言研究所词典编辑室. 现代汉语词典［M］. 北京：商务印书馆，1987.
② 包括为什么（Why），是什么（What），什么人（Who），在哪里（Where）和什么时候（When）。

共品供给的主体之一。尤其是那些供给成本高、周期长、收益率比较低、私人部门很难也不愿进入的公共品领域，政府可以利用巨大的财政支撑和社会资源，承担相应的供给职责。随着经济社会的不断进步与发展，公共品供给主体开始呈现多元化趋势。除了政府以外，私人部门、第三部门①以及居民个人等也积极地参与到了公共品供给中。私人部门是指产权私人所有、自主决策、决策风险自我承担的法人企业和非法人企业。在市场价格的牵引下，私人部门在追求私人利益最大化时也会参与公共品的生产、交换、分配和消费等环节。第三部门是相对于私人部门和政府部门而言、基于共同的公共利益或价值观而自愿组成的各种类型的非政府、非营利性的民间组织，其主要宗旨在于自发无偿地提供公共物品和公共服务，以更大地满足社会公共需求。Demsetz（1970）指出，假定私人生产者具有将非购买者排除在使用群体之外的能力，那么公共品就可以通过订立契约协议等方式由市场中的私人部门供给。这样，在合意的公共制度安排下，私人部门也具有生产公共品的效率职能。同时，第三部门也可以通过各种方式提供不同类型的公共物品和公共服务②。此外，对于某些特殊的公共品，比如环境治理，也不排除个人自愿供给的可能性和可行性。

环境治理作为一类特殊的外溢性公共品，更多地属于准公共品范畴，而根据公共品供给理论和环境治理的特性，当存在多主体或多中心参与协同治理时，环境公共品的供给过程更有可能实现低成本、高收益的理想效果，因此，多方协同参与的多主体混合供给模式才应该是环境公共品最有效率的供给方式。具体而言，多主体混合供给模式是指除了政府作为环境治理主体外，私人企业、第三部门、国际组织甚至居民个人等都可以成为环境治理公共品的供给者。作为实现资源配置帕雷托最优效率的核心机构，政府部门可以降低获取公共偏好信息所需的交易成本和谈判成本，加之外溢性的存在对供给动机的抑制作用，政府必须作为外溢性环境公共品最重要的提供者，明确环境治理的多主体原则，并在环境保护和治理中充分带动和发挥市场和第三部门的力量。考虑到企业社会责任和利润激励，私人部门也会采用市场方式供给部分环境公共品。近年来，民间环保组织队伍不断壮大，实力也逐渐增强，

---

① 第三部门（non-governmental organization，NGO）包括非营利组织和非政府组织两大类，主要关注保护环境、教育、医疗卫生、农业发展和基本社会服务等公共领域。

② 参见：Warr，1982；Bernheim & Bagwell，1988；Bilodeau & Slivinskirenwei，1997。

在防止沙漠化和水土流失、植树绿化、保护生物多样性、社区环保等广泛领域都逐渐显现出巨大的优势和影响力。在美国，著名的非政府、非营利性环保组织"环保协会"（Environmental Defense Fund）自 1967 年成立以来，始终为最紧迫的环境问题提供解决方案，曾成功说服麦当劳停止使用泡沫塑料汉堡包盒子、减少动物食品中抗生素的使用以及帮助联邦快递公司引入燃料利用率提高了 50% 以上的新型递送卡车。在芬兰，当地渔民与民间"雪变"组织（Snowchange）一起对严重污染的朱卡卓可河展开了修复工作；肯尼亚的"瑞如青年社区授权项目"开发出了一种污染较少的燃柴炉灶，青年志愿者已经给超过 16000 名当地妇女培训了关于新炉灶的优点及安装方法①。

然而在我国，长期单一的"政府主导型"环保工作模式使得社会公众和企业等主体在环保事务上过度依赖政府部门，尽管近几年"企业和个人是造成环境污染的主要责任者"这一意识逐渐普及且被接受，但大部分群众仍旧认为保护环境属于政府的职能和责任，与公众、企业等关系不大，也就是说，目前居民个人和私人部门在环境公共品供给主体结构中仍然只占一个较小的比例，公众参与程度低，企业逃避环保职责，个人和企业对环境治理的社会责任感和参与意识还有待进一步提高。此外，在公共品供给机制的变迁中，公共品的性质特征、技术进步、政府职能理念、公平效率准则、政府政策倾向、需求状况以及私人资本规模等都会影响公共品供给主体结构。而在环境治理这一类外溢性公共品供给中，第三部门可以不局限于行政辖区的限制，更愿意提供外溢性环境公共品，未来应该重点突出第三部门的特殊作用，强化其在满足公共需求上有效弥补市场失灵和政府失灵的替代性和补充性作用。而目前环保 NGO 在我国的发展还面临着很大的困难，民间环保组织发展的法律与政策环境还很不健全，社会和公众的参与度不高，在开展活动、吸引人才、筹集资金、招募志愿者等方面遇到很多阻碍。数据显示，2005 年我国民间环保组织数量为 2768 家，总人数 22.4 万人，其中由政府部门发起成立的民间环保组织 1382 家，占 40.3%，而民间自发组成的只有 202 家，占7.2%。同时在这 2768 家环保组织中，正式备案注册的仅有 10% 左右②，大部分环保 NGO 仍然处于"非正式"和"草根"的地位。《2008 中国环保民

---

① UNEP 联合国环境规划署：《联合国环境规划署年鉴 2014：全球环境的新兴问题》。

② 中华环保联合会. 中国环保民间组织发展状况报告 [J]. 环境保护，2006（10）：60 – 69.

间组织发展状况报告》显示，截至 2008 年 10 月，全国共有环保民间组织 3539 家，比 2005 年增加了 771 家。其中，由政府发起成立的环保民间组织 1309 家，学校环保社团 1382 家，草根环保民间组织 508 家，国际环保组织驻中国机构 90 家，港、澳、台三地的环保民间组织约 250 家。到 2012 年底，全国生态环境类社会团体已有 6816 个，生态环境类民办非企业单位 1065 个，环保民间组织共计 7881 个[①]。虽然最近几年环保民间组织数量增长比较明显，但与发达国家相比仍然是一个很小的数字，尤其是相对于我国庞大的人口数量来说，更是很容易被忽视。由此可见，目前我国环境治理这一外溢性公共品的供给主体结构存在严重的失衡现象，即政府承担主要供给职责，私人部门、居民个人和第三部门的供给责任和供给能力还有待进一步提高。

5.1.2　外溢性环境公共品供给区域结构失衡

1. 各省外溢性公共品支出占比

外溢性公共品的根本特征在于其成本或收益具有跨界流动性，对于供给地区主体而言，在供给成本固定的前提下，供给该外溢性公共品对自身的收益却是不确定的。此外，其他地区可以不同程度地分享该外溢性公共品带来的收益，从地区竞争的角度出发，这也会给供给主体地区带来不利影响，这些因素都会或多或少地抑制地方供给外溢性公共品的动机。同时，由于不同地区本身的经济资源禀赋差异，类似于教育、科技、医疗、就业、环境治理等外溢性公共品的供给区域结构不可避免地会出现失衡现象。公共品供给能力主要由财政投入来决定，因此，根据我国财政统计口径，地方公共品供给能力则可以通过地方政府本级财政支出情况来反应。采用各类具有外溢性的公共物品和公共服务支出占本省总财政支出的比重作为衡量指标可以发现（见表 5 - 1），由于各省份的发展侧重点不同，各种外溢性公共品支出的实际占比也大有差异，尤其在节能环保支出占比上，最低的上海只占到 1.57%，而占比最高的吉林省达到了 4.82%，地区之间的结构失衡较为明显。

---

① 我国已有近 8000 个环保民间组织 ［EB/OL］. ［2013 - 12 - 09］. http：//www. chinadaily. com. cn/hqgj/jryw/2013 - 12 - 09/content_10771653. html.

表 5 - 1 　　　　2014 年各类外溢性公共品支出占本省份财政支出的比重　　　单位：%

地区	公共安全支出	教育支出	科学技术支出	文化体育与传媒支出	社会保障和就业支出	医疗卫生与计划生育支出	节能环保支出
北京	6.18	6.18	6.25	3.62	11.25	7.12	4.72
天津	4.83	4.83	3.78	1.66	9.00	5.59	2.01
河北	5.31	5.31	1.10	1.77	12.52	9.55	4.14
山西	5.21	5.21	1.76	2.07	14.61	7.91	3.09
内蒙古	4.65	4.65	0.85	2.37	13.71	5.87	3.68
辽宁	4.64	4.64	2.14	1.82	17.63	5.39	2.09
吉林	5.31	5.31	1.25	2.10	13.39	7.09	4.82
黑龙江	4.97	4.97	1.15	1.33	17.55	6.85	3.25
上海	5.10	5.10	5.33	1.75	10.12	5.38	1.57
江苏	5.59	5.59	3.86	2.25	8.38	6.62	2.81
浙江	7.18	7.18	4.03	2.24	8.44	8.41	2.34
安徽	3.85	3.85	2.78	1.76	12.35	9.11	2.25
福建	5.80	5.80	2.04	1.94	7.82	8.83	1.87
江西	4.53	4.53	1.50	1.55	10.88	8.72	1.75
山东	5.30	5.30	2.05	1.78	10.64	8.44	2.32
河南	4.55	4.55	1.35	1.51	13.12	10.00	1.99
湖北	5.25	5.25	2.73	1.55	14.54	8.13	2.10
湖南	4.91	4.91	1.18	1.59	13.19	8.42	2.74
广东	7.62	7.62	3.00	1.84	8.71	8.50	2.83
广西	5.52	5.52	1.72	1.97	11.13	10.21	2.41
海南	6.16	6.16	1.23	2.14	12.96	8.04	2.12
重庆	4.83	4.83	1.15	1.09	15.22	7.45	3.19
四川	4.70	4.70	1.20	2.00	13.64	8.59	2.48
贵州	5.31	5.31	1.25	1.54	8.46	8.56	2.41
云南	4.95	4.95	0.97	1.27	13.16	7.94	2.45
西藏	5.85	5.85	0.37	2.88	7.25	4.12	2.47
陕西	4.07	4.07	1.13	2.35	13.66	7.91	2.84
甘肃	4.23	4.23	0.83	1.95	14.80	8.03	2.88
青海	4.13	4.13	0.77	2.54	10.98	5.95	4.21
宁夏	4.76	4.76	1.17	1.60	11.64	6.52	3.46
新疆	6.70	6.70	1.22	2.24	9.07	6.10	2.14

资料来源：根据 2015 年《中国统计年鉴》计算而得。

2. 环境治理能力弹性

在环境治理上，除了环境保护支出占地方财政支出比重指标外，我们还可以构造各地环境治理能力弹性指标来衡量地区间环境治理公共品供给上的区域结构平衡度。这一指标用于描述环境污染治理的投资趋势和各项污染治理能力发展趋势之间的关系。本研究将环境治理能力弹性定义为

$$E = \frac{各项污染治理能力变化百分比}{环境治理经费投资总额变化百分比} \quad\quad (5-1)$$

其中，环境治理能力弹性系数 E 反映了环境污染治理经费投资总额每变化1%所引起的各项环境污染治理能力变化的百分比。当弹性系数大于1时，说明各项污染的治理能力增长速度大于治理投资增长速度，反之亦然。对于相同数量的治理投资额，弹性 E 值越大，说明环境污染治理的效果就越好，所获取的环境效益也就越高。由于对不同污染物的治理需求和治理能力大不相同，更为科学的方法是分别计算不同污染物的治理能力弹性 E_i，因此本书分别计算了全国各省份2010年工业废气（包括工业二氧化硫、工业烟尘、工业粉尘和工业氮氧化物四个指标）、工业固体废弃物、工业废水以及城市污水的治理能力弹性系数。由表5-2可知，各地环境治理能力弹性差异较大，换而言之，当环境治理投资总额发生变化时，各地污染治理能力做出的反应是有所差异的。此外，除了辽宁、北京、湖北、山东等地外，绝大多数地方的环境治理能力弹性系数小于1，也就是说，我国大部分省份环境治理的效果并不好，至少还存在进一步提高的空间。

表5-2　　　　　　　2010年各类环境污染治理能力弹性系数

地区	工业二氧化硫	工业烟尘	工业粉尘	工业氮氧化物	工业固体废物	工业废水	城市污水
全国	0.30	0.39	0.19	0.03	0.44	0.16	0.21
北京	1.40	0.46	0.25	8.84	0.31	0.60	0.00
天津	7.92	2.64	2.74	0.31	0.87	2.64	0.94
河北	0.77	0.39	0.12	1.23	2.61	0.33	0.15
山西	1.15	0.67	0.17	0.18	0.11	0.05	0.25
内蒙古	0.05	0.14	0.20	6.25	0.32	0.25	0.26

续表

地区	工业二氧化硫	工业烟尘	工业粉尘	工业氮氧化物	工业固体废物	工业废水	城市污水
辽宁	34.13	24.36	14.95	147.09	8.71	14.42	17.82
吉林	0.67	0.13	0.19	—	6.29	0.08	0.14
黑龙江	2.25	1.07	1.65	0.77	0.61	1.23	0.14
上海	0.55	0.49	2.72	0.12	0.59	0.09	0.24
江苏	3.39	0.11	0.25	1.52	1.38	0.25	0.49
浙江	0.01	0.01	0.10	0.43	0.46	0.21	0.09
安徽	0.01	0.89	0.12	0.41	0.02	0.13	0.28
福建	0.29	0.45	2.65	1.12	0.72	0.58	0.03
江西	0.11	0.10	0.15	0.27	0.01	0.10	0.01
山东	2.88	1.44	7.22	8.24	1.76	3.05	1.38
河南	0.15	0.52	0.62	10.63	3.81	0.55	1.00
湖北	9.24	14.10	6.59	25.98	2.31	6.71	1.50
湖南	0.67	0.71	0.57	2.04	0.66	0.45	0.18
广东	0.05	0.11	0.01	0.32	0.02	0.05	0.08
广西	0.50	1.72	0.16	0.14	0.37	0.29	0.33
海南	2.34	2.02	3.17	3.22	4.96	0.22	0.11
重庆	0.38	0.23	1.02	1.65	0.37	0.01	0.04
四川	0.26	2.49	5.55	1.98	2.29	0.73	0.42
贵州	1.54	0.12	0.19	1.20	0.44	0.84	1.29
云南	0.14	0.05	1.29	—	0.34	0.81	1.60
西藏	—	0.23	1.13	0.22	0.57	0.01	—
陕西	0.88	0.14	0.56	0.89	0.11	0.43	0.43
甘肃	0.21	0.38	1.35	48.95	0.30	0.10	0.13
青海	2.82	0.24	0.76	—	2.48	0.52	0.29
宁夏	4.01	18.64	8.76	3.77	2.25	0.04	0.74
新疆	1976.13	108.00	228.96	—	—	49.78	21.20

资料来源：根据 2011 年《中国环境统计年鉴》相关数据计算而得。

注：用各污染物的去除或处理量表示治理能力，由于工业二氧化硫去除量、工业烟尘去除量、工业粉尘去除量、工业氮氧化物去除量以及工业固体废物处置量指标只更新到 2010 年，因此本表只计算了 2010 年各类环境污染治理能力弹性系数。另外，考虑到本文只计算了两年的数据，无法代表指标之间的趋势关系，因此对于短期弹性为负数的，我们将其取绝对值处理，只观察两个变量变化百分比之间的关系。同时，对于部分弹性异常值，我们将其归因于统计数据本身的偏差。

5.1.3 外溢性环境公共品供给种类结构失衡

在一般的外溢性公共品供给种类结构上，已经有众多学者研究证实我国存在"重生产轻生活"（丁菊红和邓可斌，2008）、"重建设轻服务"（沈坤荣和付文林，2006；傅勇，2010）、"重城市轻农村"（陈雪娟和余向华，2011；余长林，2011）等现象。然而，在环境治理这一特殊的外溢性公共品供给种类上，也存在如下问题。

第一，侧重生产型环境公共品，尤其是工业污染治理方面，而忽视生活型环境公共品的供给。由表5－3可知，从2000年开始至今，我国对于工业污染方面的治理情况，完成率都超过了100%，而最典型的生活型环境公共品——城市污水处理率和农村卫生厕所普及率，最高都不到90%。虽然近些年来，工业污染是造成我国环境问题的主要原因，而类似于生活垃圾处理、环境绿化、生活饮用水净化等生活型环境公共品的供给不足却是抑制"生态中国"的掣肘。

表5－3　2000～2012年各类环境公共品供给情况　　单位：%

年份	工业废水治理完成比	工业固体废物治理完成比	工业二氧化硫治理完成比	工业烟尘治理完成比	城市污水处理率	农村卫生厕所普及率	城市生活垃圾无害化处理率
2000	179.3	287.2	35.7	1124.2	34.3	44.8	—
2001	—	500.8	36.1	1445.5	36.4	46.1	—
2002	—	630.6	44.7	1740.6	40.0	48.7	—
2003	—	914.6	41.8	1849.6	42.1	50.9	50.8
2004	—	1511.7	47.1	2038.8	45.7	53.1	52.1
2005	—	1889.1	50.3	2322.2	52.0	55.3	51.7
2006	184.3	3293.4	64.4	2725.8	55.7	55.0	52.2
2007	198.4	3455.3	90.8	3263.5	62.9	57.0	62.03
2008	220.8	6177.3	114.8	4553.6	70.2	59.7	66.76
2009	232.8	6684.2	154.9	5435.2	75.3	63.2	71.39
2010	247.6	11494.1	177.2	6455.3	82.3	67.4	77.94

续表

年份	工业废水治理完成比	工业固体废物治理完成比	工业二氧化硫治理完成比	工业烟尘治理完成比	城市污水处理率	农村卫生厕所普及率	城市生活垃圾无害化处理率
2011	251.5	—	—	—	83.6	69.2	79.7
2012	238.0	—	—	—	87.3	71.7	84.83

资料来源：历年《中国环境统计年鉴》。

注：污染物治理完成比时根据当年的污染物排放量除以去除量或处理量计算而得，2013 年数据不全故未列出。

第二，侧重于城市环境公共品的供给，忽视了广大农村地区。一方面，在环境财政资金上，财政支持长期向环保需求高的城市倾斜，政府拨付的专项资金大部分都用于改善城市公共环境卫生，而农村环境公共品供给数量不足、质量低下，这种环境治理资金的城乡二元结构导致了城市环境基础设施建设和环境污染治理等都遥遥领先于农村地区；另一方面，在环境立法层面上，现行的污染防治法律体系着重反映了城市地区的环保诉求，大量法律法规都针对城市环境治理，而对于农村地区的环境问题都只是略有提及而已[1]。图 5-1 反映了我国最近十几年城乡获得改善的水资源和卫生设施人口占比情况，可以发现在任一年份，城市获得该项环境公共品的人口比重总是大于农村，并且不同年份城乡差距也各不相同，但是整体呈现出收敛趋势。

第三，侧重于供给关注度较高的环境公共品，而忽视那些对生产生活也有着重大影响的"日常性"环境公共品，甚至忽视了源头治理。由于环境公共品的特殊性，政府的供给过程往往具有较强的"功利性"。在我国经济发展初期，工业污染备受关注，环境治理投资大量用于防治工业污染；随着人民生活水平的逐渐提高，对新鲜空气的需求日益旺盛，政府防治重点在舆论引导下逐渐转向大气污染，尤其是近几年对雾霾治理的投入。而那些与生活息息相关的日常性环境公共品，包括生活用水、垃圾清理等却未引起足够的重视。

---

[1] 比如，《大气污染防治法》中只谈到"采用财政补贴等措施支持农村集体经济组织、农民专业合作经济组织、企业等开展秸秆收集、贮存、运输和综合利用服务"，《固体废物污染环境防治法》中只涉及"农村生活垃圾污染环境防治的具体办法，由地方性法规规定"。

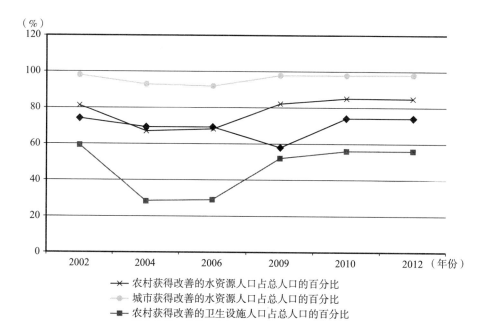

图 5 - 1　城乡获得改善的水资源和卫生设施人口比重折线图

资料来源：根据世界银行各年 "The Little Green Data Book" 整理而得：http：//data. worldbank. org/products/data-books/little-data-book/little-green-data-book。

此外，在环境治理公共品供给种类上，各地政府都倾向于选择"各人自扫门前雪，休管他人瓦上霜"的态度，除了少数几个全国重点大江大河和流域治理，对于外溢性较强的环境公共品，各地方政府的供给意愿较弱。

总而言之，由表 5 - 2 可知，虽然就全国平均水平而言，工业废水、工业废气、工业固体废弃物以及城市污水处理能力弹性系数差异不大，但是细看各地区的具体情况，却可以发现每个省份的不同种类污染治理情况大有差异。这和各地经济发展水平以及经济发展结构有很大关系，但是也不能排除各地在具体的治理污染上存在结构性偏差。从这一角度出发，各地方政府一方面应该考虑自身的产业结构和经济水平；另一方面也要考虑污染治理项目内部之间以及地区之间的外溢性情况。

5.2 我国外溢性环境公共品供给结构失衡的原因解析

5.2.1 外溢性环境公共品供给主体结构失衡的原因

随着经济社会的发展以及科学技术的进步，公共品范围也随之发生了改变，而公共品的供给主体也开始呈现多元化趋势。由于纯公共品具有完全的非竞争性和非排他性，必须由政府来提供，而准公共品则可以由政府、私人部门以及第三部门来共同供给，其中涉及国计民生的准公共品应该以政府供给为主，私人部门和第三部门只能起辅助作用。而对于不涉及国计民生的准公共品，私人部门和第三部门也应该积极参与进来。公共品市场供给的动力，一部分源自利益最大化的营利组织和个人的"理性经济人"动机；另一部分则源自现实中消费者对公共品的超额需求所产生的相关市场。奥斯特罗姆（2012）在讨论公共事务治理之道时指出，"利维坦"或私有化均不是也不可能成为唯一有效的解决方案，因此有必要在政府与市场之外寻求新的可行路径①，即"多中心"治理。第三部门的非营利性赋予其在参与公共事务治理、提供某些公共品时的特有优势，从而填补由于政府能力不足或市场效率低下而造成的公共领域真空地带，尤其是环境保护（比如"自然之友"）、教育（比如"希望工程"）、扶贫（比如"共富家园扶贫互助"公益平台）等诸多方面。然而在现实中，在公共事务的各个领域内，这些公共品供给主体都或多或少地出现了各种问题，主要包括"政府失灵"、"市场失灵"和"志愿失灵"②（voluntary failure），导致我国外溢性公共品供给主体结构出现了失衡现象，应该由政府主导的领域却交给了市场部门或第三部门承担，而应该由第三部门积极协助的领域又出现了志愿失灵等现象。具体而言有以下几点。

---

① 奥斯特罗姆. 公共事务治理之道 [M]. 上海：上海译文出版社，2012：30.
② 美国学者萨拉蒙（Salamon）于1995年在其著作"Partners in public service：Government - non-profit relations in the modern welfare state"中提出了著名的"志愿失灵"理论来描述政府部门与非营利组织之间的伙伴关系。

1. 政府失灵

在宏观层面，政府作为国家权利的代表，其作用应该主要集中于决策、协调、控制和监督等方面，公共品的任何供给机制都是政府治理框架下的构成部分；在微观层面，政府部门、私人部门和第三部门三类主体在组织结构、功能规模、群众基础、外部运行环境等方面存在巨大差异，应该互取所长、互补所缺，共同参与公共品的供给与管理事务，从而提高社会整体公共福利，此时政府的职能与定位由唯一的公共品供给主体转变为多主体中的合作者、协调者和监督者。然而在我国，政府在不同种类公共品供给中的职能并未得到明晰界定，"越位"和"缺位"现象时有发生，部分涉及民生稳定的基础公共品已经开始出现了"去公共化"倾向，比如医疗卫生、教育等领域，政府试图通过瓦解这部分产品或服务的公共性来逐渐卸除或弱化其在公共品供给问题上的基本职责。而在另一些可以放手由市场或第三部门参与供给的领域，政府却又始终占据着主导地位，比如我国环境治理领域就存在严重的"政府依赖"现象。

2. 市场失灵

在公共经济理论中，由于所有的公共品在其生产和消费中都具有不同程度的正外部性，而外部性的存在本身就是导致市场失灵的原因之一，因此，建立公共品完全排他的产权激励机制就是十分困难的。在产权无法清晰界定的背景下，当经济条件发生变化时，资源就不能顺畅地流向更有价值的用途。而在外溢性公共品供给领域内，市场交易更是不可避免地会对不相关的第三方造成一定程度的影响，这种结果本身就是无效率的。此外，由于外溢性公共品供给过程中的正外部性，外部收益不能或不能完全实现内部化，私人部门的经济人也就不会将其供给量设定在边际社会收益等于边际社会成本的最优水平上，我国社会主义市场经济体制下的医疗卫生投入就是最典型的例子。

3. 志愿失灵

在我国，第三部门是政府和市场对公共品供给不完全的辅助性衍生品，是在"政府失灵"和"市场失灵"背景下应运而生的可选替代性工具，旨在弥补政府和市场主体供给不足的公共品。然而，由于资金缺口较大、服务对象过窄、组织决策官僚化倾向严重、外部监督不足等原因，第三部门逐渐出现了"志愿失灵"现象①，具体包括财政危机、决策危机、人才危机、公共关系危机和信任危机等问题。我国的非营利组织从出生开始就普遍缺乏责任机制、竞争机制和社会公信度，缺乏组织能力和持续性，专业化程度较低，在发展成长的过程中，部分非营利组织又不可避免地走上了市场化道路，官僚、低效、缺乏对公众的回应等科层病逐渐开始出现，腐败丑闻也初露端倪。

5.2.2　外溢性环境公共品供给区域结构失衡的原因

基本公共品供给的区域差距主要源于地区经济分化所导致的地方政府财政能力的不同，使得各地支出需求和政府自有财力之间的缺口逐渐显著化、扩大化。一方面，由于各地方经济发展程度、产业化结构、城镇化速度、税基规模、税源集中程度等都存在差异，必然造成地区间财政收入能力的差异；另一方面，我国幅员辽阔，各地区自然地理环境迥异，社会结构和人口分布等的基础差异导致相同支出项目上单位支出成本大不相同。此外，旨在缩小地区间差异的财政转移支付制度效果欠佳，不合理的制度设计进一步拉大了公共品供给区域结构上的失衡。

1. 地区间财力差异

我国幅员辽阔，各地政府财力迥异。经济发达地区税收高，政府财力雄厚，而欠发达地区包袱重，税收却往往不足。本书通过计算变异系数（Coefficient of Viariance，CV）来衡量我国地区间财力差异程度，它是衡量各观测值变异程度的统计量。在比较数列变异程度时，如果观测值的度量单位与其平均数相同，可以直接利用标准差来比较；如果目标观测值之间水平高低不同，其数值大小就不只受各单位标志值差异程度的影响，因此就不能单纯地采用全距、平均差或者标准差来进行对比分析，此时必须消除水平高低的影

①　萨拉蒙. 公共服务中的伙伴：现代福利国家中政府与非营利组织的关系［M］. 北京：商务印书馆，2008.

响，就需要计算变异系数。用公式表示为 $CV = \dfrac{\sigma}{\mu}$。由于我国各地区人口差距较大，本书拟采用加权变异系数来分析我国地区间财力差异，从而避免人口数量不均带来的误差。财力差异又可以分为财政收入差异和财政支出差异。即

$$CV_{fi} = \frac{\sqrt{\sum_{i=1}^{n}(FI_i - \overline{FI})^2 P_i}}{\overline{FI}} \text{ 和 } CV_{fe} = \frac{\sqrt{\sum_{i=1}^{n}(FE_i - \overline{FE})^2 P_i}}{\overline{FE}} \quad (5-2)$$

其中，CV_{fi} 和 CV_{fe} 分别表示人均财政收入的变异系数和人均财政支出的变异系数。FI_i 和 FE_i 分别表示各省人均财政收入和人均财政支出，$\overline{FI}$ 和 $\overline{FE}$ 分别表示全国人均财政收入和全国人均财政支出，P_i 表示各省人口比重系数，即各省人口占全国总人口的比重。考虑到人口流动性，本研究采用常住人口数。由图 5-2 可知，虽然 2000 年以来，随着我国基本公共服务均等化以及转移支付政策的不断深入与完善，我国地区间财力差异呈显著下降趋势，但是我国地区间财力差异仍十分明显，各年份人均财政收入变异系数和人均财政支出变异系数均在 30% 以上。

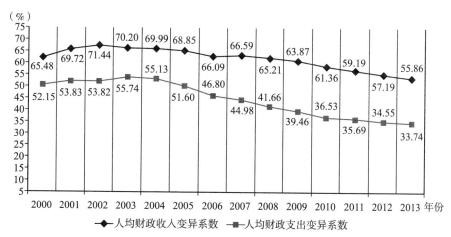

图 5-2　2000~2013 年我国人均财政收入和人均财政支出变异系数

资料来源：中国财政部网站，其中财政收入和财政支出均为不包括国内外债务部分。

2. 转移支付结构不合理

公共经济理论认为，转移支付制度存在的合理性和必要性在于三个方面：在纵向上弥补财政缺口、在横向上实现均等化以及纠正外部性。外溢性公共品由于收益溢出效应的存在，加之各地区受外溢性公共品影响程度也不尽相同，因此各地方政府的投资动机也大有差异，此时就需要中央政府通过转移支付降低这部分公共品的供给成本，从而实现激励与均衡化。目前在我国，中央对地方转移支付的具体形式一般可归结为一般性转移支付和专项转移支付两大类[①]。一般性转移支付旨在弥补地方各级政府财政收支缺口、平衡不同地区间财政收支差距，实现地区间基本公共服务均等化，保障国家出台的重大政策的实施，因此中央并不规定具体用途，由地方政府自主安排使用，具体包括均衡性转移支付、重点生态功能区转移支付、资源枯竭城市转移支付、老少边穷地区转移支付、城乡义务教育补助经费等；专项转移支付旨在实现中央针对性的发展政策和战略目标，对地方政府代理的部分事权做出补偿，因此资金用途都有专门的规定，具体包括一般公共服务支出、公共安全支出、教育支出、科学技术支出、社会保障和就业支出、节能环保支出等。

设计不合理的转移支付制度会扰乱宏观经济系统，拉大地区差距，造成"跑部钱进"、"撒胡椒面"、预算软约束、腐败等诸多问题[②]。在我国，转移支付结构和项目设计的不合理也带来了各种各样的问题。第一，一般性转移支付种类繁多、目标各异，经济功能逐渐被弱化。一般性转移支付与经济发展速度紧密相关，当经济快速增长时，中央一般性转移支付可以对自身财政收入增长较快的地方形成"锦上添花"之势；而当经济下行地方财政收入下滑时，中央一般性转移支付却很难做到"雪中送炭"，不利于地方财政的平稳运行。第二，专项转移支付存在涉及领域过宽、项目设置交叉重复、资金分配和使用分散且不透明等问题，大大降低了资金使用效率，致使部分地区出现了"跑部钱进"、"会哭的孩子有奶吃"、重复申请、腐败贪污等不正常

[①] 按照现行分级管理的财政体制，本书仅涉及中央对省一级的转移支付。为规范转移支付制度，2009年起，原财力性转移支付改称为一般性转移支付，原一般性转移支付改称为均衡性转移支付。

[②] 参见 Careaga & Weingast, 2003；Goodspeed, 2002；Fisman & Gatti, 2002。

现象。部分项目计划与地方实际需要脱节，加之专项转移支付资金的配套要求对地方财政形成了较大压力，配套资金并未真正落实。项目后期又缺乏严格的监督和管理，部分专项拨款甚至被挤占和挪用，政策目标难以实现。第三，我国政府间财政关系缺乏宪法和法律保障，部分转移支付项目缺乏科学依据，项目支付具有随意性，使得我国转移支付制度逐渐演变为各级政府主体之间的利益博弈，从而诱发资金分配、支付和使用环节中的设租或寻租行为。由于经济发达地区在财政利益调整过程中拥有更大的话语权，能从中央转移支付的"财政蛋糕"中获得更大的份额，这种马太效应不仅拉大了地区间财政收入差距，还进一步恶化了地区间公共品供给不均等现象。

5.2.3 外溢性环境公共品供给种类结构失衡的原因

1. 政府集权式的环境决策模式过于集中

环境公共品作为由政府掌握和分配的公共资源，其存在与供给形式和居民的生产生活息息相关。由于我国在过去较长一段时间里，对发展经济和提高生活水平的关注远远超过了对环境的关注，居民的环境意识不强，使得公众的科学素养水平还无法满足环境决策过程的专业性、复杂性和综合性要求，因此逐渐形成了政府集权式的环境决策模式。同时，政府资源的有限性也使得政府可以优先选择和设置重要的环境决策问题。在这种模式下，"理性"的政府代理人就会逐渐从"代理型政权经营者"转变为"谋利型政权经营者"[1]，从而根据短期内政治经济需求和个体效用目标，自动过滤公众的环境诉求，选择有利于自身发展的环境决策，这样，环境利益相关人的需求并不能得到有效的满足。虽然在最近几年里，随着微博、微信等新媒介的出现，公众对环境议题设置的需求越来越大，但受众多因素的影响，仍然无法完全改变政府为主的环境决策模式。

---

① 杨善华，苏红. 从"代理型政权经营者"到"谋利型政权经营者"[J]. 社会学研究，2002（1）：17–24.

2. 地方政府环境决策短视

一方面，在我国压力型体制下，具有"经济参与人"和"政治参与人"双重身份的地方官员[①]，面临着经济发展指标和政治晋升考核的双重任务，在"理性"利己主义的驱动下，可能更多关注决策所带来的经济收益和政治绩效，从而对民生型财政预算造成"挤出"[②]。而具体到环境决策上，地方官员会着重考虑那些更能彰显政绩的环境公共品的供给，以及各种环境形象工程，而忽视了民生型环境公共品的长期效益；另一方面，受传统属地管理制度的影响，环保部门只是地方政府的组成部分之一，同时接受所属地方政府和上级垂直环保部门的领导，换而言之，地方政府直接控制着对环保部门各类生产要素及资源的分配，因此对于地方官员环境决策的短视选择，环保部门往往无力干涉，只能听之任之，甚至为了获取其他资源而"积极"迎合这些短视决策。

3. 环境公共品需求表达存在问题

第一，环境需求表达意识不强。根据《2007 年中国公众环境意识调查》报告显示，我国公众的环境意识较弱，并具有较强的"政府依赖性"，认为保护和改善环境主要是政府的责任。虽然最近几年我国公众环境意识略有提升，但整体环境需求表达的积极性仍不高。尤其是在农村地区，居民甚至没有意识到拥有公共品需求表达的权利。第二，环境需求表达渠道不通畅。一般而言，需求表达包括官方路径、社会路径和其他路径。在我国环境需求表达路径中，由于地方政府并不重视居民的环境诉求，加上行政机构的层层传递，使得需求表达的官方路径基本形同虚设；而社会路径和其他路径对于单个个体而言，要么成本太大，要么效率极低，加上公众处于环保信息的弱势方，也很难准确地表达自己的环境诉求。第三，环境需求表达程序不公平。在现有的公共政策参与机制下，强势的参与群体往往能利用自身优势影响环

---

① 周黎安. 晋升博弈中政府官员的激励与合作：兼论我国地方保护主义和重复建设问题长期存在的原因 [J]. 经济研究，2004（6）：33 - 40.

② 汪利锬，李延均. 政府官员理性行为与民生性财政预算 [J]. 经济学动态，2015（10）：59 - 69.

境政策的制定和执行，从而争取更多的环境利益，而那些参与意识不高、参与能力不强、无力承担参与成本的弱势群体则处于环境需求表达程序中的不利地位。

5.3 平衡地区间外溢性环境公共品供给结构的政策建议

5.3.1 积极发展环保NGO，实现多元供给主体的合理分工

从节能减排、资源管理等具体执行环节到最后的结果评估、利益分成，环境治理都离不开多元主体的广泛参与，能否实现各主体的合理分工直接关系到环境公共品的供给质量及效率。要明确政府与民间环保组织合作供给环境公共品的理念，规范合作机制，各取所长。政府部门要积极发挥其引导、协调和监管作用，对于资金需求量较大、涉及领域较广、分布较为集中的复杂项目，比如大江大河的治理等，相关政府要主动承担主导职责；而对于资金需求量较小、分布零散、小众需求型的环保项目，要逐渐将政府部门作为资金提供者和监管者的角色与其作为服务提供者的角色区分开来，积极引导和发挥非政府部门的优势，从而实现多主体合理分工，相互协调、相互补充，最大程度的满足不同人群多种类型的环保诉求。这样，私人部门、民间非政府组织、社会公民等利益相关者与政府的合作伙伴关系，就成为了环境公共品供给过程中的重要内容之一。其中，第三部门本身就具有潜力缓解日益增长的社会公共需求和有限的政府公共品供给能力之间的矛盾，而环保NGO能够分担那些政府不愿供给或供给效率低下的环境项目，从而提高环境公共品的供给水平，缩小地区结构差距。其一，培育和发展环保NGO，对其在项目申报、活动组织、人才培训、资源配置等方面给予相应的政策优惠和法律支持，提升环保志愿者的服务意识、业务能力、管理水平和专业化程度。其二，环保组织要进一步完善内部管理，强化自律机制，加强内部制度建设，建立民主的决策机制、透明的财务管理机制和健全的规章制度和社会评价体系。

此外，提高公众环境意识，进一步强化环境公共品的自愿供给。

5.3.2　优化转移支付制度，缓解供给区域结构失衡

在我国，中央对地方的财力协调主要源于财政转移支付制度。一般性转移支付由地方自主选择使用范围，增加了地方可支配财力，只会对地方政府产生收入效应；而专项转移支付项目规定了具体的使用方向和目标，并要求地方政府提供相应的配套资金，相当于降低了这部分特定公共品的价格。因此，除了收入效应以外，专项转移支付还会对地方政府产生替代效应。由于两种转移支付对地方政府产生的效应不同，因此对不同的地方公共支出项目的影响也有所差异。完善的转移支付制度不仅可以提高外溢性公共品供给水平，还能进一步缩小供给区域之间的差距，实现公共服务均等化。未来要进一步加大一般性转移支付比例，调整和规范专项转移支付。通常而言，应该将专项转移支付的范围严格限于中央委托事务、共同事权事务、效益外溢性事务和符合中央政策导向的事务上。因此，对于地区间外溢性公共品供给问题，尤其要注重对专项转移支付的利用。而当前我国专项转移支付政策性色彩过浓，缺乏连续性和经常性，使得辖区间的外溢性矛盾时而缓解时而加剧，妨碍了区域间的协调发展，需要进一步调整和规范，具体而言：在项目申报和监督上，对用于国家重大环保工程、跨地区跨流域的污染治理项目以及外溢性强的重点环保项目，应推进实施项目库管理，明确项目申报主体、申报范围和申报条件，规范项目申报流程，发挥专业组织和专家的作用，完善监督制衡机制；在地方配套资金的要求上，由中央和地方共同承担的环境事权，要依据公益性、外溢性等因素，明确地方分担标准或比例。在此基础上，根据各地财政状况的不同，同一专项对不同地区可采取有区别的分担比例①，防止地区间环境公共品供给差异的恶化；在资金使用上，增加资金分配到使用各个环节的透明度，加强对专项资金分配使用全过程的有效监控，进一步强化后期绩效目标管理，对于不合格的专项项目，不予开展下一步预算。此外，为了保证财政转移支付制度的有效实施，还要进一步将其法制化，保障

①　国发〔2014〕71 号文，《国务院关于改革和完善中央对地方转移支付制度的意见》。

依法分配和使用资金。

5.3.3 完善环境需求表达机制，保障不同种类环境公共品的有效供给

第一，环境信息公开化，落实环境知情权。在我国，地方政府的环境决策及规划信息公开程度较低，尤其是日常监管信息、排放数据和环评信息等依然缺乏实质性公开，政府在环境建设和管理方面的资金、设备、技术等投入仍处于不透明状态，信息传递的制度性渠道并不成熟，导致"邻避效应"①引起的环境冲突事件增加。因此未来要进一步完善环境协商参与的基础性制度，逐渐有秩序地公开政府环境决策背景、决策依据、决策程序、决策目标等各类文本和数据信息，真正落实公民环境知情权。第二，完善环境需求表达机制，鼓励多元主体参与共同决策。在信息公开的基础上，加强环境政策决策的民主协商，通过完善公众环境需求表达机制，促使多元主体参与交涉、表达意见、提供信息，使环境决策过程包含各方利益和偏好，从而将政府集权化的环境决策模式转变为多中心集体协商模式，建立监管制定者与公众之间的信赖关系。此外，地方政府应该高度重视居民的环境诉求，并通过制度建设等手段将各方主体参与环境决策的过程制度化、程序化，从而保障居民对不同种类环境公共品的真实需求得到有效满足。

---

① 指居民或单位因担心建设项目对身体健康、环境质量和资产价值等带来不利后果，而采取强烈和坚决的、有时高度情绪化的集体反对甚至抗争行为。

| 6 |

我国地区间外溢性环境公共品供给
效率的 DEA – Tobit 分析

6.1 我国地区间外溢性环境公共品
供给效率的 DEA 测算

效率是指在业务活动中投入与产出或成本与收益之间的对比关系，是行为主体对其资源的有效配置。而外溢性环境公共品供给效率是考核地区间环境治理工作成效的重要手段之一，它要求在其他条件不变的前提下，相关政府机构能以尽可能低的投入，获取尽可能多的产出。在效率评估问题上，基于投入—产出思想的非参数方法——数据包络分析（data envelopment analysis，DEA），是目前国内外企业、行业以及公共部门效率评估环节的重要方法。本节旨在引入基准 DEA 模型对我国 30 个省、自治区、直辖市的环境公共品供给效率进行分解和评估。

6.1.1 DEA 模型及其相关理论

DEA 模型，全称为数据包络分析，是一种基于生产理论的线性规划方法。对于一个典型的 DEA 模型，其目标在于，基于预先确定的投入和产出来比较相似的要素类型，而这一比较应该以"决策效率"为基础，这样，一个决策单元（decision-making unit，DMU）就应该被考虑。DEA 旨在测量已选 DMU 是如何有效地利用已选投入来"生产"已选产出的。根据 Ramanathan (2003) 的定义，由生产力方程可知，一个 DMU 的效率或绩效是所有产出对所有投入的比率。DEA 模型的目的在于利用最优线性规划来评估产出最大化或投入最小化视角下的效率。在理想情况下，当所有的 DMU 都提供一个相似水平的生产力时，这些 DMU 就是百分百有效的；然而，现实中总是存在各种无效率，这就允许 DEA 被作为一个稳健的效率评估和一个目标投影工具来测量效率问题，其主要优势在于：第一，它可以同时分析多个投入和产出，解析结果具有明确的经济含义；第二，它并不要求一个明确的生产函数；第三，其测度的效率值是相对于观察到的最高绩效，而不是某个平均值；第四，它并不需要价格方面的信息，也不需要考虑量纲问题。

Charnes 等（1978）提出了第一个 DEA 基础模型——规模报酬不变的 CCR 模型，随后，Banker 等（1984）将规模报酬不变假设放宽为规模报酬可变，提出了 BCC 模型，它可以剔除规模效率的影响来计算技术效率。

假设有 n 个 DMU，每个 DMU 都有 m 种投入，允许每个 DMU 有 k 种产出，则规模报酬不变的 CCR 模型如下：

$$\min_{\theta,\lambda}\theta$$

$$\text{s. t. :}\begin{cases} -y_i + Y'\lambda \geq 0 \\ \theta x_i - X'\lambda \geq 0 \\ \lambda \geq 0 \end{cases} \quad (6-1)$$

其中，$X = (x_1, x_2, \cdots, x_n)'$ 和 $Y = (y_1, y_2, \cdots, y_n)'$ 为 n 个 DMU 的投入和产出矩阵，θ 和 $\lambda = (\lambda_1, \lambda_2, \cdots, \lambda_n)'$ 为决策变量。公式（6-1）中，目标函数值 θ 表示当产出既定时投入向量 x_i 最大可收缩的程度。λ 为阶常数向量，是计算低效率 DMU 位置的权重，利用该权重可以将低效率的 DMU 映射到生产前沿面上。$Y'\lambda$ 和 $X'\lambda$ 相当于第 i 个 DMU 的产出和投入在生产前沿面上的投影点，该投影点为包括第 i 个 DMU 在内所有 n 个 DMU 投入产出的线性组合。如果实际投入产出和相应的投影点相重合，则表示该 DMU 技术有效，因为其生产位于生产前沿面上，即技术效率值为 1。度量 n 个 DMU 的效率情况就需要求解 n 个线性规划，其最优解就是相应的效率值。规模报酬不变的 CCR 模型认为所有的 DMU 在生产规模上都是有效的，而 BCC 模型则放松了该假设。相比于 CCR 模型，BCC 模型只增加了一个对 λ 取值的凸性约束，即 N'λ = 1。此时，相比规模报酬不变情形下的 CCR 模型的圆锥形的面而言，规模报酬可变的 BBC 模型能更紧密的包络所有的数据，因此获得的技术效率就比 CCR 模型获得的技术效率更高或者相等，因此规模报酬可变的 BBC 模型更受欢迎。

6.1.2　指标选取和模型设定

DEA 模型包括两种类型：投入主导型和产出主导型。其中，投入主导型技术效率测量方法解决的问题是，在不减少产出数量的同时，可以按比例压缩多少投入；而产出主导型测量法主要解决在不改变投入数量时产出数量可以按比例增加多少的问题。由于在环境公共品供给问题上，相对于不可确定的产出因素而言，投入要素在人为可控范围内，因此本模型以投入为导向，主要分析产出一定时，投入要素是否需要增加或减少，从而明确进一步改进提升的方向。因此，本书设定了一个规模报酬可变的投入导向 DEA 模型。

正确利用 DEA 计算环境公共品供给效率的关键问题在于合理地选取投入产出指标，而提供环境公共品本身属于一个投入产出过程，其中的投入主要包括资金、技术、人力、设备等①，产出主要包括环境质量提升度、污染物去除量等指标。考虑到西藏数据严重缺失，加之西藏本土的生态治理情况较为特殊，因此本章各项指标的样本量中均剔除了西藏。各项数据在 EPS 全球统计数据分析平台所整理的"中国环境数据库"中均可获得。因此本研究选取的投入指标包括：环境污染治理投资总额②、废气治理设施数③、废水治理

---

① 在技术方面，由于环境科技经费投入和环境科技工作人员数只有 2007 年的数据，并且都会与已有的资金投入或人力投入指标形成重复，因此本节中的投入指标并没有单独引入科技方面的投入。然而，由于 DEA 方法本身就是在讨论技术效率问题，因此这一遗漏并不会影响本研究的基本结论。

② 指在工业污染源治理和城市环境基础设施建设的资金投入中，用于形成固定资产的资金。包括工业新老污染源治理工程投资、建设项目"三同时"环保投资，以及城市环境基础设施建设所投入的资金。

③ 指企业用于减少在燃料燃烧和生产工艺过程中排向大气的污染物或对污染物加以回收利用的废气治理设施数。附属于设施内的治理设备和配套设备不单独计算。已报废的设施不统计在内。

设施①和环保系统各级机构年末实有人数②。

早在 2009 年，《中国企业公民报告（2009）》蓝皮书就指出，我国工业企业仍是环境污染主要源头。而 2015 年《中国环境报》也显示目前我国工业污染已占污染总量的 70% 以上，成为我国环境污染的主要根源③。工业污染是指工业生产过程中所形成的废气、废水和固体排放物对环境的污染。由于我国目前尚未统计非工业污染方面的数据，并且环境质量提升、生态改善等方面的指标数据也不齐全，因此本书只能选取工业污染治理效果层面的相关指标作为环境公共品供给中的产出指标，具体包括工业二氧化硫去除量④、工业烟尘去除量⑤、工业粉尘去除量⑥、工业固体废物处置量⑦以及工业废水排放达标量⑧。由于产出相关指标数据都只更新到了 2010 年，因此本研究只能测算 2010 年我国各地区的环境公共品供给效率。

此外，在一个典型的 DEA 模型中，所要求的 DMU 个数必须满足⑨

$$\text{DMU 个数} \geqslant \max\{3 \times (N_{input} + N_{output})\} \qquad (6-2)$$

其中，N_{input} 和 N_{output} 分别表示投入、产出指标的个数。本研究选取四个投入指标、五个产出指标，30 个省、自治区、直辖市作为 DMU，满足这一基本条件。

---

① 指企业用于减少废水污染物以及对废水污染物加以回收利用的废水治理设施数。已报废的设施不在统计范围内。

② 指全国范围内环境保护系统各级机构相关工作人员年末实有人数。

③ 我国工业污染占比超 70%，第三方治理推广还存困难 [EB/OL]. [2015 – 3 – 4]. http：//finance. sina. com. cn/china/20150304/001221636118. shtml.

④ 指燃料燃烧和生产工艺废气经过各种废气治理设施处理后，去除的二氧化硫量。

⑤ 指企业燃料燃烧过程中产生的废气，经过各种废气治理设施处理后去除的烟尘量。

⑥ 指企业生产工艺过程中产生的废气，经过各种废气治理设施处理后，去除的粉尘量（不包括电厂去除的烟尘）。

⑦ 指报告期内企业将固体废物焚烧或者最终置于符合环境保护规定要求的场所，并不再回取的工业固体废物量（包括当年处置往年的工业固体废物贮存量）。处置方式有填埋（其中危险废物应安全填埋）、焚烧、专业贮存场（库）封场处理、深层灌注、回填矿井及海洋处置（经海洋管理部门同意投海处置）等。

⑧ 指报告期内废水中各项污染物指标都达到国家或地方排放标准的外排工业废水量，包括未经处理外排达标的、经废水处理设施处理后达标排放的，以及经污水处理厂处理后达标排放的。

⑨ Ramanathan R. An introduction to data envelopment analysis: a tool for performance measurement [M]. Sage, 2003.

6.1.3 数据和实证结果分析

本研究将每一个省级单位看作一个 DMU，并利用 deap2.1 软件测算这30个省、自治区、直辖市环境公共品供给的综合效率、技术效率和规模效率。其中，综合效率反应被评价对象的产出水平保持不变时，如果以处于效率前沿面的考察单元为标准，实际所需要的投入与最大可能投入之间的比例。纯技术效率表示在考虑规模收益时，给定一定的投入量后被评价对象获取最大产出的能力，而规模效率则反映了考虑规模收益时被评价对象是否在最合适的规模下进行经营。三者的数量关系为

$$综合效率 = 纯技术效率 \times 规模效率 \qquad (6-3)$$

从表 6-1 可以看出，整体来讲，我国各省、自治区、直辖市的环境公共品供给效率处于一个中等水平，有 12 个地区综合效率为 1，但各地区差异较为明显。全国平均综合效率为 0.825，最低的为新疆，只有 0.305，环境公共品供给效率还有很大的提升空间。全国平均纯技术效率为 0.876，这表明有相当一部分的投入并没有转化为现实产出，具体表现为非技术有效地区各投入量均存在投入冗余现象。

表 6-1　　　　　　2010 年各省区市环境公共品供给效率

地区	综合效率（crste）	纯技术效率（vrste）	规模效率（scale）	规模报酬递增或递减
北京	0.441	0.610	0.723	递增
天津	0.419	0.548	0.765	递增
河北	1.000	1.000	1.000	不变
山西	0.800	1.000	0.800	递减
内蒙古	1.000	1.000	1.000	不变
辽宁	1.000	1.000	1.000	不变
吉林	1.000	1.000	1.000	不变
黑龙江	0.500	0.505	0.991	递增
上海	0.496	0.586	0.846	递增
江苏	0.906	1.000	0.906	递减
浙江	0.951	1.000	0.951	递减
安徽	0.855	0.917	0.932	递减

续表

地区	综合效率（crste）	纯技术效率（vrste）	规模效率（scale）	规模报酬递增或递减
福建	1.000	1.000	1.000	不变
江西	1.000	1.000	1.000	不变
山东	0.863	1.000	0.863	递减
河南	1.000	1.000	1.000	不变
湖北	0.954	1.000	0.954	递减
湖南	0.951	0.951	0.999	递增
广东	0.562	0.624	0.900	递减
广西	1.000	1.000	1.000	不变
海南	0.596	1.000	0.596	递增
重庆	0.729	0.732	0.995	递增
四川	1.000	1.000	1.000	不变
贵州	1.000	1.000	1.000	不变
云南	0.738	0.751	0.982	递增
陕西	0.685	0.698	0.981	递增
甘肃	1.000	1.000	1.000	不变
青海	1.000	1.000	1.000	不变
宁夏	1.000	1.000	1.000	不变
新疆	0.305	0.360	0.847	递增
几何平均值	0.825	0.876	0.934	

　　表 6 - 2 显示了 11 个非技术有效地区中四个投入要素投入量冗余的情况。目前在这些地区，相对于产出量而言，资金、设备和人力都出现了冗余现象，由此可见，这些地区面临的发展困境是如何对这部分冗余投入在内部进行合理地规划与配置，并进一步将其有效地转换为实际产出，最大可能地将各类投入要素转换为产出是眼下急需解决的效率问题。

表 6 - 2　　　　　　　　　**非技术有效地区中各投入量冗余情况分析**

地区	环境污染治理投资总额（亿元）	废气治理设施（套）	废水治理设施数（套）	环保系统各级机构年末实有人数合计（人）
北京	180.506	961.802	187.450	1006.228
天津	72.862	1678.992	519.094	866.367
黑龙江	81.29	2416.019	590.599	3642.48

地区	环境污染治理投资总额（亿元）	废气治理设施（套）	废水治理设施数（套）	环保系统各级机构年末实有人数合计（人）
上海	82.139	2341.622	1122.581	953.858
安徽	18.629	410.804	173.549	495.294
湖南	5.208	250.845	815.448	5683.242
广东	1150.383	4804.351	6152.9	4054.528
重庆	117.813	941.21	458.606	710.842
云南	26.348	2474.361	508.073	1148.385
陕西	78.08	1200.999	3500.399	2286.808
新疆	49.927	2270.407	621.530	2336.987

在数据包络分析中，非 DEA 有效单元可以通过模仿或者追随"领先同侪"（peer）来提升效率水平，即根据相应的 DEA 有效单元进行投影来实现相对有效。比如，若决策单元 A 是决策单元 B 可以达到的最佳绩效，那么 A 就叫做 B 的"领先同侪"。"领先同侪"通常都是有效单位，没有效率的单位就可以通过参照、模仿或追随他们相应的"领先同侪"来改进自己的效率情况。见表 6-3。

表 6-3　　　　　非技术有效地区的"领先同侪"及其相应的权重

非技术有效地区	"领先同侪"及其相应的权重
北京	宁夏（0.186）；内蒙古（0.130）；青海（0.501）；海南（0.184）
天津	宁夏（0.983）；广西（0.017）
黑龙江	宁夏（0.534）；青海（0.309）；广西（0.157）
上海	广西（0.131）；宁夏（0.869）
安徽	宁夏（0.300）；江西（0.310）；山东（0.184）；广西（0.020）；贵州（0.056）；甘肃（0.130）
湖南	贵州（0.254）；广西（0.196）；宁夏（0.105）；江西（0.018）；福建（0.428）
广东	广西（0.563）；福建（0.100）；山东（0.271）；江苏（0.062）；宁夏（0.004）
重庆	宁夏（0.600）；广西（0.188）；贵州（0.212）

续表

非技术有效地区	"领先同侪"及其相应的权重
云南	贵州（0.508）；内蒙古（0.078）；江西（0.247）；宁夏（0.163）；河北（0.003）
陕西	海南（0.264）；贵州（0.034）；江西（0.548）宁夏（0.137）；广西（0.017）
新疆	海南（0.160）；宁夏（0.140）；广西（0.047）；青海（0.608）；贵州（0.046）

6.1.4 基本结论

第一，目前，相对于我国现有的环境治理技术存量，部分地区存在过度投入的现象，导致大量冗余的投入要素无法有效地转换为实际产出。以环境治理资金投入为例，由图 6 – 1 可知，从 2000 年开始，我国对环境治理的投入力度急剧增长。国家在发展经济的同时，也开始意识到环境保护这一公共品的重要性。然而，随着十几年投入要素的不断累积，至少目前在资金、设备和人力资本的投入远超过对技术的投入，部分地区甚至已经逐渐进入饱和状态。一方面，在财政投入效率上，各地地方政府要对本辖区内的相关财政投入进行合理规划，根据地方实际情况有针对性地调整资源在不同产业和不

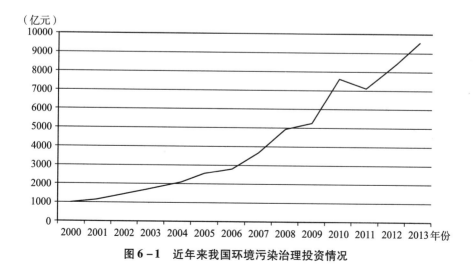

图 6 – 1 近年来我国环境污染治理投资情况

同地区的分配，避免资源配置出现"旱的旱死、涝的涝死"等低效问题，加强对环保性财政资金的管理与监督；另一方面，在技术转换效率上，应该着力于培育和引进相关治理技术，发挥学研力量，重点关注如何利用新技术新手段将现有资源高效地转换为环境公共品方面的实际产出，积极挖掘已有资源的规模效应，转变单纯依赖于加大有形投入这种低效方式来治理环境的传统模式。

第二，虽然我国环境公共品供给的综合效率整体上处于中等水平，但是各地区之间差异悬殊，仍有部分地区供给效率十分低下。在综合效率上，经济相对不发达的中西部地区，比如宁夏、青海、甘肃、贵州、四川等综合效率均达到了1，而经济发达的北京、天津、黑龙江、广东等地区，综合效率甚至不到0.6。这一现象部分归因于我国早期的"边污染边治理"的治污模式，抑制了治理效率的提升，而经济发达地区的工业污染和生活污染相对更严重。在纯技术效率上，新疆、黑龙江、天津、上海、北京、广东的排名较低。这些地区大多是区域污染较为明显的核心地区，包括东北老工业基地、京津冀地区、长三角经济带、珠三角经济带。因此考虑到其他相邻地区污染传输的外溢作用，在给定投入的情况下，这些地区获取最大产出的能力排名仍然靠后。在规模效率上，只有7个地区处于0.58～0.9（其中同样包括北京、天津、上海、新疆和广东），说明大部分地区是在比较合适的规模下进行经营。

第三，未来要加紧构建和完善环境公共品供给信息共享平台，加强地区之间的交流与沟通，提高合作供给的联动性和有效性。非技术有效地区应该积极学习模仿"领先同侪"的环境治理实践，加强合作与交流，有针对性地改善本地的环境治理状况，提升环境治理效率。逐渐建立健全跨界环境监测制度和网络，建立区域环境联合监测信息平台，实现重点区域环境监测信息互通与共享。对于相邻地区或相同流域地区，要积极鼓励采取创新的联合执法机制，实现有效的跨界环境监管。同时，对于不同污染物，要设定不同地区间的协同治理机制，比如以雾霾治理为主的京津冀、珠三角等协同发展规划，以水污染为主的长江流域、太湖流域等跨省生态合作等。

6.2 我国地区间外溢性环境公共品供给 效率的 Malmquist 指数测算

6.2.1 Malmquist 生产效率指数及其分解

传统的 DEA 分析，无论规模收益是否可变，都只能适用于评价同一时期不同 DMU 的相对效率。1953 年，Malmquist 在一个消费分析中引入了一个量化指数①，这一指数可以测度同一个 DMU 在不同时点上的效率变化程度，随后，Caves 等（1982）将 Malmquist 的方法运用到一个生产分析中并提供了著名的 MPI 指数（Malmquist productivity index）②。MPI 指数将 t 时段的技术作为参照来计算从时间 t 到 t + 1 之间的生产率指数，在这种情况下，它既不需要投入和产出的成本信息，也不需要一个明确的行为目标，比如利润最大化或者成本最小化，因而是一个很稳健的测量工具。其基本形式为

$$M_{t,t+1} = \left[\frac{D^t(x^{t+1}, y^{t+1})}{D^t(x^t, y^t)} \times \frac{D^{t+1}(x^{t+1}, y^{t+1})}{D^{t+1}(x^t, y^t)} \right]^{\frac{1}{2}} \quad (6-4)$$

其中，$D^t(x^t, y^t)$ 为 Shepherd（1970）提出的以生产技术为特征的距离函数③，当距离函数等于 0 时，该 DMU 就被假定为技术上有效。该函数由下式确定：

$$D^t(x^t, y^t) = \inf \left\{ \theta : \left(x^t, \frac{y^t}{\theta} \right) \in S^t \right\} = \left[\sup \{ \theta : (x^t, \theta y^t) \in S^t \} \right]^{-1}$$

$$(6-5)$$

其中，S^t 为一定技术下将投入 x^t 转换为产出 y^t 所对应的生产可能集，即

① Malmquist S. Index numbers and indifference surfaces [J]. Trabajos de Estadistica y de Investigacion Operativa, 1953, 4 (2): 209 – 242.

② Caves D W, Christensen L R, Diewert W E. The economic theory of index numbers and the measurement of input, output, and productivity [J]. Econometrica: Journal of the econometric society, 1982, 50 (6): 1393 – 1414.

③ Shepherd R W. Theory of cost and production functions [M]. Princeton University Press, 1970.

$$S^t = \{(x^t,\ y^t): x^t \text{ 可以生产 } y^t\} \qquad (6-6)$$

$D^t(x^t,\ y^t)$ 表示生产点 $(x^t,\ y^t)$ 到 t 时刻系统前沿面的距离。由于距离函数实际上就是面向投入的 DEA 模型的效率函数值，即有：

$$D^t(x^t,\ y^t) = F^t(x^t,\ y^t) \qquad (6-7)$$

这样，Malmquist 指数就可以表示为

$$
\begin{aligned}
M_{t,t+1} &= \left[\frac{D^t(x^{t+1},\ y^{t+1})}{D^t(x^t,\ y^t)} \times \frac{D^{t+1}(x^{t+1},\ y^{t+1})}{D^{t+1}(x^t,\ y^t)}\right]^{\frac{1}{2}} \\
&= \left[\frac{F^t(x^{t+1},\ y^{t+1})}{F^t(x^t,\ y^t)} \times \frac{F^{t+1}(x^{t+1},\ y^{t+1})}{F^{t+1}(x^t,\ y^t)}\right]^{\frac{1}{2}} \\
&= \frac{F_t^{t+1}(x^{t+1},\ y^{t+1})}{F_t^{t+1}(x^t,\ y^t)} \qquad (6-8)
\end{aligned}
$$

从上式可以看出，Malmquist 指数在本质上就是一个效率指数，它反映了 DMU 从 t 到 t + 1 阶段效率的变化程度。

本研究利用 Fare 等（1994）[①] 扩展的 Malmquist 指数分解法将式（6 - 4）分解为两个相互独立的部分，即生产率随时间的变化式（6 - 10）和技术随时间的变化式（6 - 11），这样，生产率指数就是这两部分的几何平均式（6 - 9）

$$M_{t,t+1} = \frac{D^{t+1}(x^{t+1},\ y^{t+1})}{D^t(x^t,\ y^t)} \times \left[\frac{D^t(x^{t+1},\ y^{t+1})}{D^{t+1}(x^{t+1},\ y^{t+1})} \times \frac{D^t(x^t,\ y^t)}{D^{t+1}(x^t,\ y^t)}\right]^{\frac{1}{2}} \quad (6-9)$$

其中，

$$效率变化 = \frac{D^{t+1}(x^{t+1},\ y^{t+1})}{D^t(x^t,\ y^t)} \qquad (6-10)$$

$$技术变化 = \left[\frac{D^t(x^{t+1},\ y^{t+1})}{D^{t+1}(x^{t+1},\ y^{t+1})} \times \frac{D^t(x^t,\ y^t)}{D^{t+1}(x^t,\ y^t)}\right]^{\frac{1}{2}} \qquad (6-11)$$

效率变化部分是一个相对技术效率变化指数，它反映了一个 DMU 与最优边界的距离，而技术变化部分测量了边界移动的程度。这样，分解式就可以进一步表示为

$$M_{t,t+1} = TEC \times PEC \times SEC \qquad (6-12)$$

---

① Fare R, Grosskopf S, Lovell C A K. Production frontiers [M]. Cambridge University Press, 1994.

同时，效率变化包括两部分，即纯效率变化（pure efficiency change，PEC）和规模效率变化（scale efficiency change，SEC），且存在

$$EFFC = PEC \times SEC \qquad (6-13)$$

也就是说，Malmquist 指数可以分解为技术变化指数（TEC）和技术效率变化指数（EFFC），前者反映生产过程中技术进步情况，体现为生产前沿面的移动对生产率变化的贡献程度；后者则反映了在给定投入的前提下 DMU 获取最大产出的能力。这样，我们就可以通过技术变化与技术效率变化两种不同途径来提高生产率[①]。具体而言，当技术不变时，一个 DMU 也可以通过更有效地利用投入要素，改善现有的组织制度和管理水平，从而提高生产效率。同时，为了进一步揭示技术效率变化的成因，技术效率变化指数又可以进一步分解为纯技术效率指数和规模效率指数（式 6-13）。前者测量的是在不变规模报酬前提下技术效率的变化程度，后者则反映了 DMU 是否在一个合适的规模下运营。

Malmquist 生产效率指数法不需要假设具体的生产函数形式，还可以通过分解全要素生产率进一步地分析效率变化的原因。Malmquist 指数大于 1，表明该时期内综合生产率水平有所提高；小于 1，则表明生产率发生了退化。构成该指数的某一变化率大于 1，则表明这一变化是生产率提高的根源；同样地，小于 1 则表明其是生产率退化的主要原因。对于一个 DMU，纯技术效率指数大于 1，意味着一个正的效率增长。

6.2.2 数据和实证结果分析

本章采用 Deap2.1 软件，利用 2003~2010 年 30 个省区市的面板数据[②]，通过基于 DEA 的 Malmquist 生产效率指数法对我国各地环境治理效率及相关技术变化进行了测算。由于口径统一的各省环境污染治理投资数据是从 2003 年才开始，而各项工业污染治理情况的数据又截止到 2010 年就不再更新，因

---

① 科埃利，拉奥，奥唐奈，等. 效率与生产率分析引论 [M]. 北京：中国人民大学出版社，2008.
② 对于青海省工业二氧化硫去除量部分数据的缺失，我们利用 2002 年和 2007 年的数据，根据每年的平均增长速度，计算出 2003~2006 年的去除量，用以填补缺失值；对于海南省和青海省某一年工业固体废物处置量数据的缺失，我们用 2000~2010 年的平均值作为替代。

此本书的样本量只能涵盖 2003～2010 年 8 年的时间。

本节利用非参数编程技术来计算 Malmquist 指数，从而得出每一个时期环境治理的最佳实践边界。假设有 k = 1，2，…，K 个省级地区，在每一个时间点 t = 1，2，…，T 上使用 n = 1，2，…，N 投入 $x_n^{k,t}$。这些投入被用来生产 m = 1，2，…，M 产出 $y_m^{k,t}$。在我们的数据集中，投入和产出的每一个观察值都严格为正，并且所有年份的观察值的样本数量都保持不变。

根据 Malmquist 指数的相关分解，实证结果具体反映了两部分情况，即效率变化的时间趋势和效率变化的区域差异。

1. 效率变化的时间趋势

根据表 6－4 可以发现，总体而言，从全国平均的时间序列数据来看，2003～2010 年环境治理效率的平均增长率为 1.3%，其中技术变化指数（TEC）的平均增长率呈现为 3%，而技术效率变化指数（EFFC）平均下降 1.6%，纯技术效率指数（PEC）下降 1.3%，规模效率指数（SEC）下降 0.3%，可见环境治理效率的提高主要是技术进步的贡献。同时，从整个时间段来看，技术进步一直呈现正的增长，而技术效率近几年却是负增长，这也是造成环境治理效率整体不稳定且呈波动增长的原因之一。由于数据量的限制，本书样本的时间序列年份只有 8 年，但是仍然能从中发现效率指数变化的基本趋势。结合图 6－2 可以得出以下三个结论。

表 6－4　　　　　　　　　全国年均 Malmquist 指数变化及分解

时间	技术效率变化指数（EFFC）	技术变化指数（TEC）	纯技术效率指数（PEC）	规模效率指数（SEC）	环境治理效率指数（MPI）
2003～2004	1.000	1.059	0.996	1.004	1.059
2004～2005	1.012	0.973	1.007	1.005	0.985
2005～2006	1.018	1.022	1.023	0.995	1.040
2006～2007	0.944	1.046	0.963	0.980	0.987
2007～2008	0.949	1.071	0.966	0.983	1.017
2008～2009	0.993	1.024	0.964	1.030	1.017
2009～2010	0.973	1.015	0.990	0.982	0.987
几何平均值	0.984	1.030	0.987	0.997	1.013

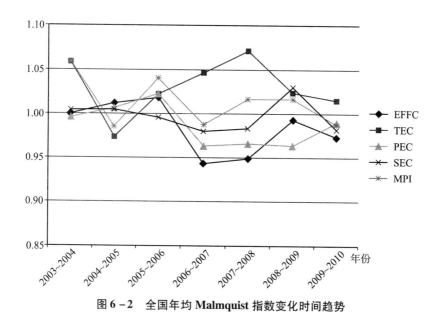

图 6 - 2　全国年均 Malmquist 指数变化时间趋势

　　第一，环境治理效率的提高主要源于环境治理生态保护过程中新技术的发明与采用。技术变化指数的上升表明我国环境治理技术水平的不断提高，而技术进步的主要原因在于引进先进技术以及自主创新等，使技术前沿边界不断前移，比如污染场地修复技术、燃煤电厂烟气催化脱硝关键技术、水中As（III）和 As（V）一步法去除技术、典型农药、染料生产废水中有毒污染物治理新技术、水生态系统修复与水质净化关键技术等①。

　　第二，整个时期，技术进步指数基本都大于技术效率指数，技术效率变化（EFFC）向下的作用力，减缓了技术进步变化（TEC）对环境治理效率（MPI）的拉升作用，因此，虽然我国近几年环境治理上出现了很多技术创新和突破，但是将技术运用到生产等实践环节时，政府环保机构组织管理不善等原因引起的技术效率低下问题却又反过来抑制了治理效率整体的提升。因此我们可以得出一个基本结论，即 2003 ~ 2010 年我国环境治理效率的提高，主要源于新技术的引进与采用，而非相关机构组织管理水平的改善。相反，

　　① 具体参见中华人民共和国环境保护部 2014 年第 85 号公告中 "2014 年度环境保护科学技术奖获奖项目名单"。

环保部门组织管理上的问题反而抑制了环境治理效率的进一步提高。

第三，技术效率变化指数（EFFC）的下降主要在于纯技术效率指数（PEC）的下降。由表6-4可见，2003~2010年，反映生产过程中对现有技术利用有效程度的纯技术效率指数平均下降了1.3%，这表明环境治理过程中对新技术的有效利用程度在下降，而规模效率指数仅下降了0.3%。由此可见，我国环境治理过程中组织管理水平的下降主要源于相关技术利用的有效性的退化，而非规模效率的下降。

2. 效率变化的区域差异

表6-5显示了各地区的具体情况，2003~2010年，在环境治理效率指数（MPI）方面，除北京、山西、上海、福建等11个地区外，其他地区均呈现增长趋势；在技术效率变化指数（EFFC）方面，除河北、山东、湖北、四川等7个地区呈现增长趋势以外，其他地区都是保持不变或者明显下降；而在技术变化指数（TEC）方面，除山西、福建、湖北、湖南等9个地区以外，其他地区都呈现不同程度的上升趋势。同时，环境治理效率指数增长最快的前六个省份分别是宁夏、内蒙古、贵州、山东、青海和河北，这些省份经济发展相对落后，且为获得中央生态转移支付相对较多的几个省份；而治理效率下降比例最多的6个省份依次为北京、上海、广西、新疆、山西和湖南，这些省份属于是经济发展相对较快的重污染区。由此可见，环境治理效率一方面与本地经济发展速度紧密相关，同时又和中央政府的重视程度密不可分。

表6-5　　　2003~2010年我国各省份 Malmquist 指数变化及分解

地区	技术效率变化指数（EFFC）	技术变化指数（TEC）	纯技术效率指数（PEC）	规模效率指数（SEC）	环境治理效率指数（MPI）
北京	0.908	1.056	0.933	0.973	0.958
天津	0.914	1.141	0.935	0.977	1.042
河北	1.029	1.018	1.000	1.029	1.048
山西	0.969	0.977	1.000	0.969	0.947
内蒙古	1.000	1.122	1.000	1.000	1.122
辽宁	1.000	1.034	1.000	1.000	1.034
吉林	1.000	1.025	1.000	1.000	1.025

续表

地区	技术效率变化 指数（EFFC）	技术变化指数 （TEC）	纯技术效率指数 （PEC）	规模效率指数 （SEC）	环境治理效率 指数（MPI）
黑龙江	0.906	1.106	0.907	0.999	1.001
上海	0.905	1.037	0.927	0.976	0.938
江苏	0.986	1.042	1.000	0.986	1.027
浙江	0.993	1.048	1.000	0.993	1.040
安徽	0.979	1.055	0.988	0.991	1.033
福建	1.000	0.996	1.000	1.000	0.996
江西	1.000	1.012	1.000	1.000	1.012
山东	1.021	1.048	1.000	1.021	1.070
河南	1.000	1.002	1.000	1.000	1.002
湖北	1.010	0.996	1.013	0.997	1.005
湖南	0.993	0.955	0.993	1.000	0.948
广东	1.001	0.960	1.005	0.995	0.961
广西	1.000	0.942	1.000	1.000	0.942
海南	0.976	0.983	1.000	0.976	0.959
重庆	0.956	1.011	0.956	0.999	0.967
四川	1.046	0.953	1.038	1.007	0.996
贵州	1.000	1.075	1.000	1.000	1.075
云南	0.959	1.044	0.960	0.999	1.001
陕西	1.037	0.999	1.038	0.999	1.036
甘肃	1.000	1.023	1.000	1.000	1.023
青海	1.034	1.031	1.000	1.034	1.066
宁夏	1.000	1.216	1.000	1.000	1.216
新疆	0.916	1.029	0.927	0.988	0.943
平均值	0.984	1.030	0.987	0.997	1.013

6.3　我国外溢性环境公共品供给效率的 Tobit 分析

6.3.1　模型设定和变量选取

由于 DEA 方法计算的效率得分总是介于 0 与 1 之间，在这种情况下，普通最小二乘法（OLS）就会因为数据截取问题的存在而使得参数估计量有偏且不一致（Greene，1981）。为了避免 OLS 估计结果的偏误，一般采用受限因变量模型（limited dependent variable model），即 Tobit 模型来估计。通常情况下，在效率问题的 DEA – Tobit 两阶段估计中，第二阶段就是要借助 Tobit 回归模型来估计外部因素对各 DMU 效率得分的影响，设定模型如下：

$$S_i = f(Z_{ik}，\beta_i) + \varepsilon_i \qquad (6-14)$$

其中 S_i 为被解释变量，表示通过 DEA 测算出的各 DMU 的效率得分，$i = 1$，2，…，M，M 为 DMU 的数量；Z_{ik} 为外生环境变量，$k = 1$，2，…，N，N 表示外生环境变量的个数，β_i 为待估系数，ε_i 为误差项。

首先，在中国式财政分权体制下，财政分权度越高，地方政府可支配的财政支出就越多，在目前的官员考核和晋升锦标赛制度下，地方政府往往倾向于将更多的支出用于追求地方 GDP 增长，而忽视对外溢性环境公共品的公共支出，此时环境治理效率就必然受到限制。因此，我们预测财政分权度与环境治理效率应该呈负相关关系。借鉴而不同于乔宝云等（2005）以及傅勇（2010）的做法，考虑到我国财政制度中存在大量的预算外收入，且地方政府对这部分管理松散的预算外资金具有事实上的决定权，因此本书采用的财政支出指标同时包含了预算内支出和预算外支出，即采用省级人均财政支出与中央人均财政支出的比例来衡量财政分权度。

其次，在我国，工业污染占总环境污染的 70% 左右，因此工业发展情况对环境治理效率具有重大的影响。一方面，工业发达地区经济增速快，整体人均 GDP 会高于其他地区，并在地区间争夺经济资源的竞争中占据优势，就必然利用工业产业带来的 GDP 加快完善本地各项基础设施，包括生态环保类的基建投资，此时，第二产业占比越高的地区，其环境治理效率就有可能越高；另一方面，在我国传统的"先污染后治理"以及现在的"边污染边治理"模式下，工业产业的快速发展一定伴随着更高的环境污染水平，高能耗、高污染、高排放的粗放型经济增长方式必然造成环境治理效率的损失，因此，在两种相反方向作用力的影响下，第二产业占比与我国环境治理效率的相关性并不确定。

最后，公众对环境治理状况的关注程度越高，越能协助监督政府、企业和第三部门等在环境治理事宜中的执行情况，环境治理的效率也应该越高，因此预测公众认知度与环境治理效率呈正相关。本书选取了环境管理"信访与法治"中"来信次数"和"来访人次"两个变量，预测公众认知度与环境治理效率呈正相关。

　　基于上述分析，本书将财政分权度、第二产业占比和公众认知度三个指标作为模型的核心解释变量，而代表地区因素的人口密度和代表经济因素的人均 GDP 只作为控制变量，数据均来自于 2003 ~ 2011 年的《中国统计年鉴》、《中国财政年鉴》和《中国环境统计年鉴》，构建模型如下：

$$EFF_{it} = \alpha + \beta FD_{it} + \gamma Industry_{it} + \theta public_{it} + \delta Control_{it} + \varepsilon_{it} \quad (6-15)$$

其中，EFF 表示由 DEA 测算出来的环境效率，FD 表示实际财政分权度，Industry 表示第二产业占比，public 表示公众认知度，Control 表示控制变量，包括人均 GDP 和人口密度。各变量的描述性统计见表 6 – 6。

表 6 – 6　　　　　　　　　变量的描述性统计（N = 240）

变量	变量定义	平均值	标准差	最小值	最大值
Eff	环境治理效率	0.8753417	0.1687551	0.305	1
Fd	财政分权度	0.1761947	0.1290776	0.0142044	0.7306563
industry	第二产业占比	0.478125	0.0749142	0.2252992	0.615
gdp	人均 GDP	21170.16	15007.65	3585.957	76288.99
density	人口密度	12814.06	192086.3	7.39305	2976191
letter	来信总数	18663.41	20060.18	50	115392
visit	来访人次	3290.188	2795.329	0	13842

6.3.2　实证结果分析

　　见表 6 – 7。

表 6 – 7　　　　　　　　　模型估计结果

变量名称	模型①	模型②	模型③	模型④
财政分权度（FD）	- .2143001 (- 1.05)	- 0.4606263 *** (- 3.68)	- 0.24038 (- 1.18)	- 0.541202 *** (- 4.63)
第二产业占比（Industry）	1.299687 *** (3.51)	1.186748 *** (3.27)	1.287438 *** (3.48)	1.149723 *** (3.17)

续表

变量名称	模型①	模型②	模型③	模型④
人均GDP （LnGDP）	−.0871762 （−1.52）	— —	−0.0997472 * （−1.76）	— —
人口密度 （Lndensity）	0.0024792 （0.09）	−0.004421 （−0.16）	0.0072356 （0.24）	−0.000091 （−0.00）
公众认知度 （Lnvisit）	0.0003975 （0.239）	0.0005002 （1.50）	— —	— —
公众认知度 （Lnletter）	— —	— —	0.0042583 （0.36）	0.0054199 （0.45）
常数项 （Constant）	1.205915 ** （2.27）	0.4789259 ** （2.07）	1.318667 ** （2.49）	0.4942033 ** （2.00）

注：为了消除异方差，人均GDP、人口密度和公众认知度均做取对数处理；＊、＊＊、＊＊＊分别表示系数在0.1、0.05、0.01的显著性水平下显著，回归系数下括号内的数表示 z 统计值。

模型①首先对三个核心解释变量和两个控制变量进行了 Tobit 分析，其中公众认知度采用来访人次指标，结果显示只有第二产业占比系数显著，与环境治理效率呈正相关。考虑到解释变量人均 GDP 和第二产业占比可能存在相关性，模型②为剔除人均 GDP 指标后进行的 Tobit 分析，结果显示财政分权度的系数显著为负，符合事先的预测，也与大多数学者的研究结果一致（陈工和邓逸群，2015）；而第二产业占比的系数显著为正，说明在我国，第二产业的发展情况对环境治理的正向作用力更大，早期的"边污染边治理"模式对环境治理效率的负向影响已经逐渐弱化。模型③和模型④验证了选取来访人次或来信次数作为公众认知度变量时对结果影响不大，公众认知度在这些模型中都不显著。这可能源于两方面原因：第一，数据统计有偏。由于来信次数和来访人次两个指标，本身在数据统计上就存在缺陷，"来信"需要一定的文化水平，"来访"则要付出一定的经济和时间成本，因此单一指标都存在缺陷。第二，指标选取有偏。虽然来信来访次数相比于一般性受教育水平指标而言，更能代表公众对环境事宜的关注程度和敏感程度，但由于关注环境的方式和手段比较多，部分从事监督环境管理事项的群众，可能并不会采取来信或来访的方式表达环保意愿。由于目前并没有更好的数据充足的指标进行替代，对公众认知度与环境治理效率相关性的判断只能滞留于此。

此外，控制变量人均 GDP 和人口密度都不显著。具体而言，在人均 GDP 和环境治理效率问题上，一方面，人均 GDP 越高，地区居民对良好的自然生态人居环境的需求就越大，所形成的社区或地方决策影响力和监督作用就越大，这必然会促使地方政府提高环境治理效率。另一方面，根据"Baumol 效应"①，随着人均 GDP 的不断攀升，相应的环境公共品的供给成本也会上升，这又反过来抑制了政府环境治理的效率。在人口密度和环境治理效率问题上，人口密度较高时，较高的需求集中度会推高政府在基础公共服务供给上的成本效率②，同时，政府在环境治理等公共事务上不仅可以享受规模经济带来的收益，还可以降低管理、执行和监督成本，从而提高效率。然而，当人口密度达到一定程度时，不可避免地会产生拥堵、污染等"城市病"以及巨大的财政压力，包括有限的税源、外部成本的飞速增长③等，这些问题本身就会降低政府效率，尤其是与人口密度紧密相关的环境治理效率。因此，长期来看，人均 GDP 和人口密度对地方环境治理效率的最终影响并不确定。

6.3.3 小结

在我国特殊的经济发展模式、政治官僚制度和财政分权体制下，工业产业发展情况和财政分权程度对我国地方环境治理效率具有较强的影响力，具体的作用机理和传导机制如图 6 – 3 所示。从经济层面出发，将第二产业的高速发展作为起点，在我国现行的经济增长模式下，工业发展带来 GDP

---

① Baumol W J. Macroeconomics of Unbalanced Growth: the Anatomy of [J]. The American economic review, 1967, 57 (3): 415 – 426.

② Athanassopoulos A D, Triantis K P. Assessing aggregate cost efficiency and the related policy implications for Greek local municipalities [J]. Infor, 1998, 36 (3): 66 – 83.

③ Baumol (1967) 指出，考虑到外部成本的存在，如果一个地区有 n 个人，每一个居民都会对其他人产生外部成本，这样由每个人产生的成本大小就是和人口大小或人口密度成比例的，那么总的外部成本就不是随着人口数 n 而是 n 的平方成比例变化。因此，人口密度的增加会不成比例地使外部成本增加。也就是说外部成本似乎具有一种比人口增速还要快的增长趋势。

增长的同时必然会导致污染的存量和增量同步增加，这样，治理力度和治理难度也会同步提高。一方面，受财政分权和官员晋升考核制度的内在影响，GDP 增长激励形成了地方竞争格局，再次刺激各地方通过发展见效快、周期短的工业产业提高经济增长率；另一方面，随着财政分权度的提高，地方自主支出逐渐增加，地方官员在追求自身经济政治利益最大化的目标下，就会增加易于彰显政绩、寻租空间较大的基础设施建设支出，压缩民生类公共支出，这又进一步刺激了工业产业的发展。也就是说，经济层面本身的影响，加之财政层面和政治层面的双重强化，对环境治理效率形成了不同程度不同方向的作用力，最后又通过经济发展本身形成了一个内在循环。

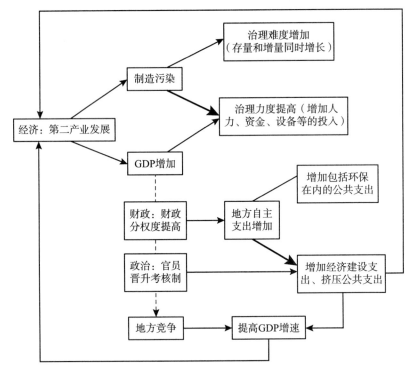

图 6 - 3　我国第二产业占比和财政分权影响环境治理效率的传导机制

注：箭头越粗，表示在我国目前情况下该方向的作用力更强。

6.4 提高地区间外溢性环境公共品
供给效率的政策建议

6.4.1 引进和发展环保技术

近年来，我国在环境保护上的支出逐年增加，部分地区已经出现了投入冗余现象。目前不仅要继续增加投入不足地区的环保性支出，包括资金、人力、设备等，更重要的是积极消化投入冗余地区的已有投入要素，将其高效地转换为生产率。因此，要继续引进国内外先进环保技术，鼓励技术创新，加强地区之间在信息和技术上的交流与合作，利用新技术新手段将投入要素转换为实际产出，提高技术的利用率和转换率。此外，要将环保性支出的使用进一步多元化，针对不同地区的具体情况，在资金、人力、设备等方面因地制宜地增加有效支出，发挥规模效应，避免投入冗余。

6.4.2 转变经济发展方式

通过构建良好的制度环境、实施有效的政策措施，进一步促进第三产业持续健康发展。重点发展低能耗、低污染的第三产业，将环保服务、养老、信息消费、文化创意和设计服务等打造成为我国当前及下阶段经济增长新的潜力股和支撑点。鼓励传统企业通过提升竞争力、攀升价值链等方式实现转型。同时，在发展工业产业的过程中，要将传统的"先污染后治理"模式转变为"边污染边治理"模式，遏制污染增量，消化污染存量。在污染增量方面，要积极调整经济结构，控制高污染、高能耗、高排放的经济项目；在污染存量方面，要充分发挥环境测评在促进污染减排、调整产业结构、优化产业布局、转变发展方式中的重要作用，对新项目严把关，从源头上控制污染。

6.4.3　加大地方政府环境责任制

一方面，要加大地方政府的环境责任制，将资源消耗、环境质量、生态效益等生态文明建设指标纳入地方政府官员绩效评价指标体系中，切实增加考核权重，对地方官员"用环境换经济"的短视行为实行终身问责；另一方面，明晰中央和地方在环境治理外溢性公共品供给上的职责划分，适度增加中央政府的事权和支出责任。对于外溢性较强的环境公共品，要适度集权，发挥中央政府的强大作用；对于外溢性相对较小的环境公共品，则加强相关联地区之间的合作。

| 7 |

我国外溢性公共品供给的
政府间博弈分析

　　鉴于公共品的非竞争性和非排他性特征，公共品的需求几乎可以看做是外生的，因为只要存在公共品供给，就有足够的需求与之对应。而在公共品供给过程中，无论是公共供给模式还是混合供给模式，政府始终发挥着至关重要的作用。在外溢性公共品领域内，政府的关键作用尤为突出。Oates（1972）对于不同层级政府的职能划分提出了四个标准：第一，规模经济在不同的商品和服务上有所不同。规模经济的存在允许较高层级的政府提供某种特定的商品或服务。第二，居民的生存环境和对公共品的偏好都存在异质性，此时分权就更能满足各种不同的偏好和环境需求。第三，外部性的存在也有影响。如果某辖区政府的某项活动对于其他辖区内的个人或企业产生重要的外部影响，那么这些活动就应该更集中（由较高级政府集中执行活动），或者至少需要较好地协调低层级政府之间的行为活动。第四，竞争有助于实现政府的最优行为。从这一角度出发，对于特殊的外溢性公共品的供给问题，到底应该由信息更充分的地方政府制定支出决策，还是由较高层级政府或直接由中央政府集中执行仍然未给出清晰的解答。这样，各级相关政府之间在供给相应的外溢性公共品时就必然存在利益博弈。在我国五级行政区划下，外溢性公共品供给不仅涉及相同级别地方政府之间的横向博弈，还涉及上级对下级、甚至是中央政府对地方政府之间的纵向博弈。本章节主要在探讨我国一般性外溢性公共品供给中政府职能及支出责任划分与界定的基础上，针对供给过程中以上两种不同方向的利益博弈展开进一步分析。

7.1 我国外溢性公共品供给中的政府
职能及支出责任划分与界定

7.1.1 我国外溢性公共品供给中的政府职能与定位

自斯密提出政府的三大职能①和萨缪尔森提出公共品的严格定义后,主流经济学理论一直把政府作为公共品的主要供给主体。斯蒂格利茨（1988）也提出,政府行为可以弥补市场失灵,因此自国家和政府诞生以来,提供公共品就被视为政府存在的最基本理由②。政府作为社会公众利益的代表,有责任向社会公众提供公共品。世界银行将市场经济条件下的政府职能归纳为基本职能、中型职能和积极职能三大类（见表 7 – 1）。根据世界银行的分类,解决外部性属于政府的中型职能,也就是说,像基础教育、环境保护这样典型的外溢性公共品的供给问题就属于政府的职能范围。

表 7 – 1 政府职能分类

	解决市场失灵	促进社会公平
基本职能	提供纯公共品：国防、法律与秩序、财产所有权、宏观经济管理、公共医疗公共	保护穷人：反贫穷计划、消除疾病
中型职能	解决外部性：基础教育、环境保护等 规范垄断企业：公用事业法规、反垄断政策 克服信息不完整问题：保险、金融法规、消费者保护	提供社会保险：再分配性养老金、家庭津贴、失业保险
积极职能	协调私人活动、促进市场发展、集中各种举措	再分配：资产再分配

资料来源：世界银行.1997 年世界发展报告 [M]. 北京：中国财政经济出版社,1997.

---

① 斯密于其经典著作《国富论》中明确指出了君主即政府的职责：第一,保护本国社会的安全,使之不受其他独立社会的暴行与侵略；第二,建立验证的司法行政机构从而尽最大努力保护人民不受到其他人的欺侮或压迫；第三,建立并维持公共机构和公共工程。
② 斯蒂格利茨. 政府经济学 [M]. 北京：春秋出版社,1988：96.

政府职能划分和定位需要考虑多层级政府结构，不同级次的政府部门具有不同的职能分工，相互之间不能替代。Musgrave（1959）将政府的公共职能划分为资源配置、收入分配和经济稳定三部分，考虑到地方政府缺乏充足的财力以及经济主体的流动性，收入分配职能和经济稳定职能应该归属中央，而资源配置职能涉及各地居民不同的偏好需求，由地方政府负责会更有利于提高经济效率和社会福利水平。由于资源配置的目标是效用最大化，因此消费者需求满足程度才是选择资源配置方式的参考标准。对于公共品而言，消费偏好一般具有明显的地域性特征，而地方政府恰好能敏锐地捕捉并满足这些公共需求偏好，从而实现有效率的资源配置。

政府职能的划分不仅需要考虑政府的层级架构，还需要进一步考虑不同层级政府间的优势和劣势，尤其是在公共品供给问题上。一般而言，中央政府的优势在于：第一，覆盖范围遍及全国，因此对于居民偏好较小、外溢范围横跨多个辖区或者类似于国防、外交这样的全国性公共品，由中央政府负责提供更合适；第二，规模经济，中央政府具有相当的决策和管理权限以及强大的财力支撑，可以有效地规避外部效应的潜在成本；此外，中央政府在稳定经济、收入分配、平衡区域经济发展等方面都具有无法替代的优势，而地方政府的主要优势在于获取居民偏好、需求、支付意愿、纳税能力等信息时的及时性、准确性和便利性，地方政府更容易搜集并利用这些信息来有效地提供公共品，并进一步实现与本地区相适应的制度安排。显然，中央和地方的优势都构成了彼此的劣势，具体而言，中央政府缺乏全面、真实、准确、有效的信息，而地方政府缺乏充足的财力支持和宏观调控的能力，这些都要求我们在构建外溢性公共品供给机制时，必须立足于有效合理的政府职能和支出责任划分。

我国于2004年通过的宪法修正案规定，国家保护和改善生活环境和生态环境，防止污染和其他公害。中央人民政府即国务院的职权包括领导和管理教育、科学、文化、卫生、体育和计划生育工作以及民政、公安、司法行政和监察等工作；而县级以上地方各级人民政府依照法律规定的权限，管理本行政区域内的经济、教育、科学、文化、卫生、体育事业、城乡建设事业和财政、民政、公安、民族事务、司法行政、监察、计划生育等行政工作，发布决定和命令，任免、培训、考核和奖惩行政工作人员①。可见我国宪法并没有明确规定中央政府和地方政府在环境保护上的职能责任及其划分。《中华人民共和国地方各级人民代表大会和地方各级人民政府组织法》规定，县级以上的地方各级人民政府行使下列职权：执行国民经济和社会发展计划、预算，管理本行政区域内的经济、教育、科学、文化、卫生、体育事业、环境和资源保护、城乡建设事业和财政、民政、公安、民族事务、司法行政、监察、计划生育等行政工作，也就是说地方政府要对本行政区域内的公共品承担职责，而对于跨行政区的公共品则仍然处于"云雾之中"。正是这些模糊不清、定位不明的法律法规，使得我国外溢性公共品的供给无形中变成了"烫手山芋"，各层级政府之间的利益博弈进一步促成了推诿和卸责现象的发生。在我国，中央政府应该集中一部分跨区域外溢性公共品的提供和支持职能，尤其是跨区域重大项目的建设和维护。比如海域和流域管理、航运、大江大河治理、全国流域国土整治、全国性生态和环保重点项目建设等具有一定的辖区外溢性的重大环境项目，地方政府没有涉足的激励和动力，此时就需要中央承担并统一管理，将其中的外溢性内部化。

7.1.2 我国外溢性公共品供给中的政府支出责任划分与界定

从严格意义上讲，事权和支出责任是两个不同的概念，根据对中共十八届三中全会决定的解读，事权为一级政府在公共事务和服务中应承担的任务和职责，支出责任是政府承担的运用财政资金履行事权与满足公共品需要的财政支出义务，由于支出相对容易量化，因而一般都倾向于将事权细化落实到支出责任上，用支出责任来反应和衡量事权，进而间接地量化事权。支出责任划分的核心问题是如何在各层级政府间恰当合理地安排相关支出责任，即要确定哪些支出责任适合集中于中央政府，哪些则适合配置于各级地方政府，从而高效地实现包括提供公共品在内的各项政府职能。清晰明确的政府间支出责任划分，是形成科学合理的行政秩序、社会秩序和市场秩序，提高国家治理能力与效率的基本前提，也是减少寻租、遏制腐败的重要条件，还

---

① 参见《中华人民共和国宪法（2004 年修正）》第 89 条和第 107 条。

是实现财力与事权合理匹配的根本依据①。参见表7-2。

表7-2 各级政府支出责任划分

支出类目	政策、标准和监管责任的划分	供给和管理责任的划分	特征描述
国防、外交、国际贸易、货币政策、州际贸易和移民、失业保险、航空和铁路	F	F	收益和成本是全国性的，需要由中央政府来纠正财政低效和地区不平等问题
自然资源	F	F，S，L	促进共同市场的形成
环境保护	F，S，L	S，L	收益或成本可能是全国性、区域性或者地方性的
教育、健康、社会福利	F，S，L	S，L	中央政府可以通过税收、转移支付或联合供给等方式来解决外溢性问题
警察	S，L	S，L	主要是地方受益，或者进入更高级政府的安排计划
供水、污水、垃圾、消防、警察	L	L	主要是地方受益，成本—收益外溢性不显著
公园和休闲设施	F，S，L	F，S，L	主要是地方责任，但是中央和省级政府可以建立自己的公园
省际公路	S	S，L	省级收益和成本，具有规模效应，空间邻近很重要
地方公路	L	L	地方收益和成本

注：F代表联邦（中央）政府；S代表州（省级）政府；L代表地方政府。
资料来源：在Shah和Mundial（1994）的基础上进行了补充说明。

　　一般情况下，在公共品供给上的政府支出责任划分都遵循着一些被广泛接受的原则，比如，公共品受益的地理范围与负责提供该项公共品的政府级次对应的辖区应该大体一致。总体而言，全国受益的公共品应该划分给中央政府，而只是地方性受益的公共品则划归各受益辖区本身。然而，这些基本原则只局限于受益不存在溢出的公共品。由于外溢性公共品的供给问题可能

① 楼继伟. 深化财税体制改革［M］. 北京：人民出版社，2015：221.

涉及到几个不同级别的政府以及同级别的多个政府，因此就需要对不同级别政府进行职责划分，明确各级政府的支出责任，从而有效避免政府间在外溢性公共品供给问题上的恶性竞争及责任推诿等问题。

因此，对于外溢性公共品供给中的政府支出责任划分，不能只是简单地遵循一般性原则，而应该基于更深层次的理论原则展开分析。具体而言，一方面，无论是单一制国家还是联邦制国家，中央政府的主要职责都在于维护国家安全、保持经济稳定、实现收入再分配等，而包括提供公共品在内的资源配置任务，虽然主要是州和地方政府的职责，但全国性公共品以及具有较大规模经济和空间外溢性的活动仍需要中央政府参与甚至直接承担。虽然欧盟提出了发挥不同层级政府作用的"职能下属化原则"[①]（the principle of subsidiarity），即负责提供公共品的政府应当是与这些公共品的受益范围大小相一致的最低层级政府或者是与居民最近的那一级政府来承担，除非有令人信服的理由表明可以将这些职能分配给更高层级的政府。具体而言，如果由较小的地方政府提供受益区域较小的公共品，那么公共品供给和当地居民的偏好就能更好的匹配。但如果让较小的政府单位提供受益区域较大的公共品，那么由于公共品供给的规模经济或服务效益溢出的外部性明显，会导致公共品供给不足。然而另一方面，根据各级政府职能划分的外部性、信息复杂程度以及激励相容三原则[②]，当一项活动或产品会使其他地区同样受益或受损，即具有跨区域外部性时，则由更高的区域级别政府来管理会更有效。这也明确了跨区域外溢性公共品需要更高级别的政府来协助或直接管理。换而言之，外溢性公共品的提供，仍应该坚持"职能下属化"，但是必须保证由足以实现这一外溢性公共品收益内部化的最小地理行政辖区来进行。只要不存在成本与受益在辖区间的不匹配，即在将公共品外溢性内部化之后，该公共品的供给责任就应该尽可能下放到最低层级的地方政府。也就是说，高效提供公共品要求政府满足需求的同时还要尽量接近纳税人，只有政府提供的公共品与该公共品有关的"福利领域"的规模相符合时，效果才是最佳的。

---

① Oates W E. Fiscal federalism ［M］. Princeton：Harcourt Brace Jovanovich，1972.

② 楼继伟. 中国政府间财政关系再思考 ［M］. 北京：中国财政经济出版社，2013：23.

在我国,《环境保护法》① 中也涉及了各层级政府在环境保护过程中的相关职责。其中,对于具有外溢性的环境公共品,《环境保护法》也做出了相关规定:"国家建立跨行政区域的重点区域、流域环境污染和生态破坏联合防治协调机制,实行统一规划、统一标准、统一监测、统一的防治措施。前款规定以外的跨行政区域的环境污染和生态破坏的防治,由上级人民政府协调解决,或者由有关地方人民政府协商解决。"对于具有外溢性的跨行政区的生态保护区,国家加大对生态保护地区的财政转移支付力度,并指导受益地区和生态保护地区人民政府通过协商或者按照市场规则进行生态保护补偿。有关地方人民政府应当落实生态保护补偿资金,确保其用于生态保护补偿。由这些具体的法律法规条款可以发现,一方面,我国相关法律对各层级政府在环境保护中的职责规定较为明确,中央政府主要从宏观层面负责制定标准、建立机制、实施监督管理、资金支持以及协调下级政府行为等,而地方政府则负责在中央政府的统一指导下,对本行政区域内的环境保护工作事项作出具体行动。然而另一方面,这些条款规定都避重就轻地忽略了各级政府间切实的职责分工,对于某些环境事项具体应该由哪一层级政府负责并未作出明确规定,并且很多职责的划分都存在重叠的可能,对于跨行政区的外溢性环境公共品的供给职责也较为模糊,相关规定过于宏观,可执行性不强,地方在具体实践中很难基于中央规定自行主动把握要领,多方博弈的存在就为地方政府在外溢性环境公共品的供给中埋下了隐患。

7.1.3 外溢性公共品的中央集权式和地方分权式供给的博弈对比

1. 模型基本思想

外溢性公共品供给的首要问题,是公共品应由中央政府来提供还是地方政府提供,即中央集权式供给与地方分权式供给之间的选择。二者的主要差异在于,在集权体制下,由中央政府做出有关公共品的支出决策,并用中央

---

① 2014 年 4 月 24 日第十二届全国人民代表大会常务委员会第八次会议修订,自 2015 年 1 月 1 日起施行。

的一般收入融资；而在分权体制下，由地方政府做出支出决策并用地方税收为其融资（Oates，1972）。本节通过构建两个基准模型，分析了在我国外溢性公共品供给问题上，中央集权下和地方分权下的公共品供给量的决定，该模型建立在 Oates（1972）、Boadway 等（1989）、Varian（1994）、Besley 和 Coate（2003）等理论研究的框架基础之上，以跨界污染治理为例，探讨当两个地区间存在外溢性公共品时，中央集权式供给和地方分权式供给的效率比较。与已有理论模型不同的是，本书结合了中国财政体制的实际情况，首先分析比较了中央政府直接供给外溢性公共品的情况，而已有理论模型几乎都回避了这一点，然后在此基础上进一步讨论中央间接供给模型。

2. 模型设定

假设存在两个地区，记为地区 1 和地区 2。地区 $i = 1$，2 的居民消费私人物品，地区内的企业从事污染性的生产。企业的生产给当地带来了就业增加、经济总量提高等各方面的好处，但是其带来的环境污染，通过风、河流等途径，转移到另外一个地区，使得该地区也承受了污染带来的损害。我们假设地区 i 地方政府的利益受到下列三方面因素的影响：本地区居民在私人物品上的消费 x_i，本地区企业的产量 y_i，另一个地区 j 企业生产的产量 y_j 给本地区带来的负面损害。即地区 i 的地方政府效用等于

$$u_i(x_i，y_i，y_j) = x_i + (1 + \delta_i)\ln y_i - \delta_i \ln y_j \qquad (7-1)$$

其中 $\delta_i \in [0，1/2]$ 表示另一个地区企业生产带来的污染对地区 i 的损害程度。当 $\delta_i = 1/2$ 时，损害程度达到最大，而当 $\delta_i = 0$ 时，表示不存在损害。我们假设 $\delta_1 \geqslant \delta_2$，即地区 2 的生产对地区 1 的损害程度，大于或等于地区 1 的生产对地区 2 的损害。

为了便于讨论，我们假设地区 i 拥有的财富禀赋为 w_i，该禀赋可用于分配给居民作为私人物品的消费，或是分配给企业用于生产。为简单起见，我们假设，一单位的私人物品可以用于生产一单位产出。

3. 模型一：中央集权式供给与地方分权式供给的博弈对比

（1）地方分权下的污染性产量

我们首先考虑由地方政府独立决定本地区的私人物品消费和企业产量的

情形。此时，地区 1 政府面临的问题是，给定地区 2 政府选择的产量 y_2 下，如何制定满足本地区政府预算约束的私人物品消费量 x_1 和企业产量 y_1，以使自身效用最大化。即地区 1 政府要解决如下问题：

$$\max_{x_1, y_1}\left\{x_1 + (1 + \delta_1)\ln y_1 - \delta_1 \ln y_2\right\}$$

$$\text{s. t.} : x_1 + y_1 \leqslant w_1 \tag{7-2}$$

拉格朗日求解得出，地区 1 政府会选择的私人物品消费量等于 $x_1 = w_1 - (1 + \delta_1)$，而企业产量等于 $y_1 = 1 + \delta_1$。同理，我们可以解出地区 2 政府的选择：$x_2 = w_2 - (1 + \delta_2)$，而 $y_2 = 1 + \delta_2$。接下来，我们分析在中央政府集中管理两个地方私人物品消费水平和企业产量的情况下，两个地区的私人物品消费量和企业产量各是多少。

（2）中央集权下的污染性产量

假定由中央来决定选择两个地区在私人物品上的消费量和企业产量。从地区均等的角度出发，中央为两个地区设定的在私人物品上消费量必须相等，即 $x_1 = x_2 = x$，并且企业产量也要相等，即 $y_1 = y_2 = y$。此时，中央政府面临的问题是，选择什么样的地区均等的消费量 x 和产量 y 来最大化两个地区的总效用。由于两个地区的效用都等于 $x + \ln y$，所以中央要解决的问题如下：

$$\max_{x, y}\left\{2x + 2\ln y\right\}$$

$$\text{s. t.} : 2x + 2y \leqslant w_1 + w_2 \tag{7-3}$$

其中，不等式代表中央政府的总资源约束，即两个地区私人物品的消费量和企业产量之和不能超过两个地区财富禀赋之和。通过拉格朗日求解发现，中央应选择的消费量和产量满足如下方程：

$$x = \frac{(w_1 + w_2)}{2} - 1 \text{ 且 } y = 1 \tag{7-4}$$

（3）中央集权式供给与地方分权式供给的效率比较

我们现在比较，从两个地区的总效用的角度看，中央集权更好还是地方分权更好。当两个地区在私人物品上的消费量和企业产量为（x_1，y_1，x_2，y_2）时，两个地区的总效用等于

$$\left[x_1 + (1 + \delta_1)\ln y_1 - \delta_1 \ln y_2\right] + \left[x_2 + (1 + \delta_2)\ln y_2 - \delta_2 \ln y_1\right] \tag{7-5}$$

将地方分权情况下两个地区的消费量和企业产量代入上式，可以得到地方分权下两个地区的总效用为

$$S^d(\delta_1, \delta_2) = w_1 + w_2 - (1 + \delta_1) + (1 + \delta_1 - \delta_2)\ln(1 + \delta_1)$$
$$- (1 + \delta_2) + (1 - \delta_1 + \delta_2)\ln(1 + \delta_2) \qquad (7-6)$$

同理，中央集权下两个地区的总效用为

$$S^c(\delta_1, \delta_2) = w_1 + w_2 - 2 \qquad (7-7)$$

通过比较 $S^d(\delta_1, \delta_2)$ 与 $S^c(\delta_1, \delta_2)$，可以得出如下两个结论：

结论 1：当污染的外溢性为零即 $\delta_1 = \delta_2 = 0$ 时，$S^d(\delta_1, \delta_2) = S^c(\delta_1, \delta_2)$，此时，地方分权和中央集权的效率相同。

结论 2：对于一个给定的 $\delta_1 > 0$，存在一个 $0 < \bar{\delta}_2 < \delta_1$，使得当 $0 \leq \delta_2 \leq \bar{\delta}_2$ 时，$S^d(\delta_1, \delta_2) \geq S^c(\delta_1, \delta_2)$，而当 $\bar{\delta}_2 < \delta_2 \leq \delta_1$ 时，$S^d(\delta_1, \delta_2) < S^c(\delta_1, \delta_2)$。即当两个地区的污染都存在外溢性时，如果外溢性程度在地区间的差异很小，中央集权更有效率。反之，当外溢性程度地区间差异较大时，地方分权更有效率。

在地方分权下，由于地方政府从自身效用最大化出发去选择企业产量时并不会考虑其外溢性公共品的消费对另一个地区的负面影响，从而其企业产量设定过高，污染治理力度的有效性不足。从另一方面，由中央去选择地区的企业产量时，由于地区均等的企业产量未能考虑到污染治理外溢性的地区间差异，因此也存在着效率损失。所以到底是地方分权还是中央集权的效率损失更小，取决于污染治理外溢性的大小和外溢性在地区间分布的不对称性。当不存在外溢性时，地方分权和中央集权下都不存在效率损失，这时两种制度下污染治理的供给效率相同；而当存在外溢性且外溢性在地区间的差异较大时，地方分权下的供给效率更高；反过来，当外溢性在地区间的差异较小时，中央集权下的供给更有效率。

7.2 中央和地方政府间在外溢性公共品供给上的行为博弈

7.2.1 外溢性公共品背景下中央政府最优行为分析

模型一考虑的情形是，在中央集权下，中央直接决定地方企业的生产量，然而在目前我国的污染治理实践中，很多情况下，中央并非直接控制地方的产量，而是通过税收、补贴或转移性支付等形式来间接影响地方的污染产量。

与模型一相对应，本章节利用比较静态方法分析当存在外溢性公共品时，中央政府的最优行为是直接供给还是通过庇古税或转移支付的形式实行间接供给？

假设中央政府给予地方政府 i 一次总付式（lump sum）的转移性支付 L_i。为了对转移性支付进行融资，中央对企业的污染性生产征收一个从量税，假设税率为 t。那么在中央制定的转移支付和庇古税税率下，地方政府 i 的预算约束可以表示为

$$x_i + (1 + t) y_i \leqslant w_i + L_i \tag{7-8}$$

现在地方政府 i 需要解决的问题是，在给定另一个地区 j 的产量为 y_j 的情况下，选择什么样的私人物品消费量 x_i 和企业产量 y_i，以实现满足预算约束式（7-8）下的本地区效用最大化，即地方政府 i 的问题是

$$\max_{x_i, y_i} \left\{ x_i + (1 + \delta_i) \ln y_i - \delta_i \ln y_j \right\}$$
$$\text{s. t. :} \quad x_i + (1 + t) y_i \leqslant w_i + L_i \tag{7-9}$$

可以证明，地方政府 i 的问题的解应满足如下条件：

$$x_i = (w_i + L_i) - (1 + \delta_i) \tag{7-10}$$

$$y_i = \frac{(1 + \delta_i)}{(1 + t)} \tag{7-11}$$

中央在考虑到两个地区的地方政府的私人物品消费和企业产量受到中央设定的庇古税税率和转移支付的影响后［如式（7-10）和式（7-11）所示］，选择一个税率和转移支付额度，来实现自身预算平衡下地方总效用的最大化，即中央的问题是

$$\max_{t, L_1, L_2} \left[x_1 + (1 + \delta_1) \ln y_1 - \delta_1 \ln y_2 \right] + \left[x_2 + (1 + \delta_2) \ln y_2 - \delta_2 \ln y_1 \right]$$

$$\text{s. t. :} \quad \begin{cases} x_i = (w_i + L_i) - (1 + \delta_i) \\ y_i = \dfrac{(1 + \delta_i)}{(1 + t)} \\ t(y_1 + y_2) \geqslant L_1 + L_2 \end{cases} \tag{7-12}$$

其中最后一个约束是中央政府的预算约束，它要求中央政府给予地方的

总转移支付不能超过中央从地方征得的税收总额。

可以解出，中央的最优税率应满足如下条件：

$$1 + t = \frac{1 + \delta_1 + 1 + \delta_2}{2} \qquad (7-13)$$

而最优的转移支付金额满足

$$L_1 + L_2 = \delta_1 + \delta_2 \qquad (7-14)$$

此时，在中央设定的最优税率和转移支付下，两个地区的产量分别为

$$y_1 = \frac{2(1 + \delta_1)}{(1 + \delta_1 + 1 + \delta_2)} \qquad (7-15)$$

$$y_2 = \frac{2(1 + \delta_2)}{(1 + \delta_1 + 1 + \delta_2)} \qquad (7-16)$$

而两个地区私人物品的消费总量为

$$x_1 + x_2 = w_1 + w_2 - 2 \qquad (7-17)$$

在中央设定的最优转移支付和税率下，两个地区的总效用等于

$$S^{cd}(\delta_1, \delta_2) = w_1 + w_2 - 2 + (1 + \delta_1 - \delta_2)\ln(1 + \delta_1)$$
$$+ (1 - \delta_1 + \delta_2)\ln(1 + \delta_2) - 2\ln(1 + \delta_1 + 1 + \delta_2) + 2\ln 2$$

$$(7-18)$$

通过比较 $S^d(\delta_1, \delta_2)$、$S^c(\delta_1, \delta_2)$ 和 $S^{cd}(\delta_1, \delta_2)$ 可以发现，对于任意的 δ_1，δ_2，总有 $S^{cd}(\delta_1, \delta_2) \geqslant S^d(\delta_1, \delta_2)$ 且 $S^{cd}(\delta_1, \delta_2) \geqslant S^c(\delta_1, \delta_2)$。因此我们得出第三个结论：

结论3：中央设定庇古税和转移支付的方式，在效率上要优于中央集权，也优于地方分权。

通过比较地方分权、中央集权，以及庇古税和转移支付下污染性产量的大小，我们可以发现，在中央设定庇古税和转移支付的制度安排下，征收的庇古税实现了部分污染外溢性的内部化，从而地方的污染性产量小于地方分权下的产量，提升了污染治理的效率；另一方面，尽管中央为两个地区设定的庇古税税率相等，但是地区可以考虑到地区的特殊情况，来决定污染产量，从而一定程度上避免了中央集权下地区统一的污染产量带来的效率损失。所以，这两方面的原因导致了庇古税和转移支付制度的优越性。

7.2.2 中央和地方政府间在外溢性公共品上的博弈传导机制

在我国，中央政府和地方政府之间的关系相继经历了集权制下的"央主地从"模式、分权制下的"地方主义"模式以及分权合作制下的"央地共治"模式等三个阶段[①]。相对于中央政府和非政府主体，地方政府的功能和地位主要体现在，由于地方政府对辖区居民的公共品偏好、支付意愿等利益诉求具有比较清晰完整的信息，因此其不仅是中央政府和地方非政府主体的双重利益代表，同时还是二者消除信息不对称困扰的有效桥梁。正是这一特征决定了地方政府的双向代理角色[②]。由于各地区在经济发展水平和自然禀赋等方面存在较大的差异，中央政府很难直接介入各地的经济社会发展事项中，这使得地方政府晋级成为中央政府的代理人。然而，一方面，复杂化的委托代理关系会造成对政府激励的扭曲，而在扭曲的激励下，为获得更多的利益，地方政府可能利用其信息优势来逼迫中央政府承担部分风险。在公共品供给过程中，地方政府更多的受到晋升锦标赛和 GDP 考核机制的激励，往往容易忽视对非经济型公共品比如环境保护等问题上的关注，而这又与中央政府的环保目标相违背。当地方政府和中央政府的目标和效用函数不一致时，中央和地方的纵向博弈就不可避免。另一方面，中央政府和地方政府之间的信息不对称问题十分严重。由于地方政府把握着本地经济发展、社会福利、居民偏好与需求等各方面的具体、准确、全面的信息，而在多级行政管理体制下中央政府获得信息的成本很高，并且信息筛选和传递的过程中时有偏误和纰漏，这在一定程度上加大了中央管理和提供公共品的困难。由于权责不明、定位不清等原因，在外溢性公共品供给问题上，地方政府往往倾向于将责任推给中央，推诿和卸责的存在也进一步强化了中央和地方的纵向博弈。

---

① 闫帅. 公共决策机制中的"央地共治"——兼论当代中国央地关系发展的三个阶段 [J]. 华中科技大学学报（社会科学版），2012（4）：68 - 74.

② 陆建新. 中国制度创新中的地方政府行为悖论研究 [D]. 北京：中国人民大学，1997.

1. 博弈背景及诱因

（1）官僚经济人假说

在经济学领域，斯密提出了经典的"经济人"假设，即市场中的个人都是追求自身利益或效用最大化的理性而自利的经济人。经济人假设作为现代经济理论的基础，虽然也曾受到质疑和诟病，但仍具有不可替代的地位和作用。部分经济学家指出，经济人假设忽视了集体利益和社会公共利益的存在，只适用于经济领域。在政治领域内，政治家被理想地假定为具有利他主义的"公共人"，以国家、集体和社会公共利益最大化为目标，而这正好与经济人的设定逻辑及行为动机完全相反。地方官员的"双面人"身份使其行为目标也具有双重性：既要作为"公共人"服务地方居民，追求本地区居民福利最大化，也要作为"经济人"实现个人利益最大化。在实践中，理性的地方政府通常会优先考虑短期的眼前利益，"经济人"身份比重更大，也就是说，当个体由经济领域中的买者或卖者转变为政治过程的投票人、纳税人、受益人、政治家或官员时，他们的行为动机并不会改变，都会追求效用最大化。对此，Downs（1957）和 Niskanen（1971）都指出，所有官员都具有部分利己倾向，部分官僚甚至以追求可以自由决定的预算最大化作为行为动机。虽然经济人假设并不意味着所有官员都完全没有公共意识，行动也只在乎自己的利益，但至少说明官员在行动时都会部分考虑自身利益，甚至完全以自身利益最大化为目标。在外溢性公共品供给中的中央和地方博弈上，一方面，出于自身成本和效率的考虑，中央政府和地方政府双方都不愿意直接提供外溢性公共品，中央倾向于利用转移支付等方式控制地方来做出供给行为，而地方则倾向于通过讨价还价的方式获取更多的中央转移支付，甚至直接将供给责任推给中央或者相关联的同级别政府；另一方面，中央政府往往代表了国家和社会的利益，而地方政府的行为逻辑却很容易受到地方官员"经济人"思维的影响。一旦地方官员在公共决策时考虑到自身利益，比如政治升迁、经济收益等，地方政府行为就会出现异化和扭曲，从而使得博弈结果偏离最优均衡，也进一步验证了我国典型的官员"晋升锦标赛"理论。

（2）委托代理关系

中央政府与地方政府之间的关系问题实质上是国家整体利益与局部利益

的对立统一和动态平衡关系，它不仅涉及如何适当地配置有限的经济资源，同时还涉及相关权利的分配，包括决策权、财权、人事权等，这些都使得中央与地方的政府关系变得异常复杂和敏感。在我国这样一个超大型社会里，地方的权力来自于中央授权。中央政府代表国家层面的全社会公共利益，担负着制定各种政策并督促实施的职责，力图实现以公共利益为核心的社会整体利益的最大化，实现人与自然协调发展。而地方政府受中央政府委托，代表中央政府对地区性公共事务（包括环境保护等）实施治理活动，承载着国家利益、地方利益和政府自身利益等多重利益结构。委托人中央政府可以通过法律、财政、行政、人事任免等手段约束和控制代理人地方政府行为，各级地方政府承担着委托人即中央政府在地方治理活动中的代理人职责，因此，中央政府不得不依靠各级地方政府来保证各项政策的切实执行和有效实施，这就在无形中赋予了地方政府在政策执行时的自由裁量权。自 20 世纪 60 ~ 70 年代起，为了保证基本公共品能够快速传递到基层，中央政府开始向地方政府展开行政性分权和责任分担。同时，改革开放不断推进了市场化和分权化趋向的各项改革进程，也进一步打破了中央与地方之间高度一体化的权力结构关系，促使政府间委托代理关系由传统的"指令—服从"模式逐渐转变为"指令—服从"与"指导—自助"相结合。在这一时期，地方政府开始拥有更多的可支配资源和自主决策权，甚至可以为了自身利益与中央政府进行直接谈判和对话。利益格局的变化使得地方政府除了单纯的中央代理人身份以外，还逐渐构成了相对独立的行为主体和利益主体，这就进一步异化了中央政府和地方政府在目标函数、利益取向、福利偏好等问题上的价值取向，也就不可避免地增加了政府间纵向博弈的潜在可能。

（3）博弈双方地位不对等

在我国，中央政府与地方政府的结构关系属于"中央主导型"模式：在制度层面，中央政府始终主导和掌控着游戏规则的制定权，使得地方政府只能在中央领导下的"制度夹缝"中利用少量自由裁量权"求生存"；在财政收入方面，中央政府具有较强的宏观调控能力，并且可以通过税收和转移支付方式来协调和控制地方政府的行为选择；在人事任免方面，中央政府控制着地方政府省部级官员的人事任免权，可以根据地方政府官员的绩效考核等指标调整地方官员构成；在立法方面，只有省、自治区、直辖市和较大的市的人民政府享有制定规章的权力，即只能在不违背中央精神的前提下颁布地方性政策法规。由此可见，在中央和地方的纵向博弈中，中央地位高，地方地位低，二者博弈地位不对等十分明显。然而，这并不等于中央的意愿一定能够在地方层面得到全面贯彻和执行。一方面，地方政府的信息优势带来了代理松弛问题。由于中央政府在政策决策时缺乏对地方的有效而准确的信息，只能依赖于各地方政府机构传递的信息资料，此时，地方的这种信息优势实际上构成了对中央的制约，同时自下而上的信息不对称使得地方政府很容易通过虚报信息的手段来左右中央决策，从而出现代理松弛的问题。另一方面，政令不畅和信息失真使委托人的真实意愿难以实现。在我国，由于多层级政府之间的委托代理链过长，使中央政策和意愿在逐层向下传达过程中很容易出现梗塞和偏离现象。随着地方利益的独立化和具体化，地方政府不仅在信息传递时存在弄虚作假的动机，在具体政策实施过程中，由于中央缺乏地方政策执行和监督方面的具体信息，地方政府也容易产生"曲解规则""补充文件""层层截留""改头换面"的倾向，以保证本地利益最大化，而这些都使得中央政策在地方难以真正落实。

2. 博弈过程

根据政策颁布和执行次序，中央与地方博弈始终遵循着"中央颁布政策→地方选择执行力度→中央选择回应"的逻辑顺序，具体到外溢性公共品供给问题上，整个博弈过程可以分为三个阶段：博弈前期，中央政府通过设定激励机制、绩效考核机制以及可观测的补偿机制等，刺激地方政府主动供给外溢性公共品；博弈中期，地方政府选择是否遵循中央旨意提供外溢性公共品以及执行的力度；博弈后期，中央政府根据地方执行情况，通过问责机制和惩罚机制实现中央权威，并进一步改善外溢性公共品的供给现状。

（1）博弈前期

第一，在激励机制方面，目前我国中央政府对地方政府的激励机制包括两个方面：财政激励和政治激励。财政激励主要包括中央通过税收返还、转移支付、生态补偿等财政分成手段来引导地方政府的行为方向；而政治激励则主要指中央通过控制地方的人事任免权以政治晋升来强化地方政府的行为动机。在这两种激励下，地方政府通过衡量相关的激励因素来回应中央政府对外溢性公共品支出方面的政策要求。在财政激励方面,外溢性公共品的投入并不能直接转化为经济增长,其相关收益也无法全部归本辖区独享,因此仅仅依靠地方政府满足外溢性公共品供给显然存在动机不足问题。此时,中央政府可以为地方环境保护、教育医疗等外溢性公共品方面提供相应的财力支持,引导地方投资方向。在激励理论中,当个人产出与其努力程度之间并非紧密相关时,增加激励只会刺激更多的作假行为;因此,在财政分成比例已经确定的前提下,地方政府往往会产生"藏富于己"的机会主义倾向,利用信息优势通过"跑部钱进"等手段极力地争取中央的资金、项目等各种优惠政策,而这一部分财政分成并非全部都能用到中央指向的外溢性公共品上,从而扭曲了地方的努力方向。在政治激励方面,对外溢性公共品的供给与完善属于政府职能之一,具有任期限制的地方官员可以通过在公共领域的服务形象来提高自己政治晋升的机会。然而,经济发展始终是目前中国各级政府的重要目标和首要职责,通过提高地方 GDP 等硬指标显然要比公共品这些绩效不明显的领域更能在"晋升锦标赛"中获得最终胜利。当政治激励与不合适的考核制度相结合时,激励扭曲问题就变得更加严重。

第二,在考核机制方面,政府本身是一个多任务的组织机构,除了发展经济以外,它还要为居民提供各种非经济性的公共品,包括教育、医疗、环境保护等项目。由于中央对地方具有极强的支配力和控制力,尤其是在人事任免上,因此地方必须完成中央下达的各项经济指标及社会任务。目前,我国主要从德、能、勤、绩、廉五个方面综合考核和评价官员,并以此作为地方官员免职、降职、处分、奖励和晋升的主要依据。由于民生、社会福利等软指标相比于经济指标约束力较弱,且更难实现量化,而一旦绩效考核指标难以量化,提高激励强度就会刺激地方官员采取各种非正常手段规避考核风险,最终增加中央与地方实现纵向合作的难度。虽然我国逐渐提出了转变政府职能、民生财政、绿色 GDP、和谐社会等发展目标,但类似于人均 GDP、财政收入、物价、就业率等带有"一票否决"性质的可量化硬指标的完成情况始终是中央评价和奖惩地方行为的主要标准。一方面,中央以隐形承诺的方式,通过以 GDP 为充分信息统计量的政治晋升考核制度,较好地实现了地方官员的制度激励;然而另一方面,GDP 导向的压力型体制和官员考核机制,在促使地方政府提供非经济性公共品上并不是与激励相容的。任期内的地方官员往往容易为了政绩而制造甚至捏造政绩，忽视公共品领域内的相关职责，对于不同辖区收益共享的外溢性公共品更是很难进入地方官员的考虑范围内（见表7-3）。激励考核机制和问责惩罚机制的不健全，进一步强化了地方政府的不合作倾向。

表7-3　　　2014年中央和地方在非经济性公共支出项目上的支出情况

项目	国家财政总支出（亿元）	中央财政支出（亿元）	中央财政支出占比（%）	地方财政支出（亿元）	地方财政支出占比（%）
合计	151785.56	22570.07	14.87	129215.5	85.13
一般公共服务	13267.5	1050.43	7.92	12217.07	92.08
外交	361.54	360.09	99.60	1.45	0.40
国防	8289.54	8055.14	97.17	234.4	2.83
公共安全	8357.23	1477.76	17.68	6879.47	82.32
教育	23041.71	1253.62	5.44	21788.09	94.56
科学技术	5314.45	2436.66	45.85	2877.79	54.15
文化体育与传媒	2691.48	223	8.29	2468.48	91.71
社会保障和就业	15968.85	699.91	4.38	15268.94	95.62
医疗卫生与计划生育	10176.81	90.25	0.89	10086.56	99.11
节能环保	3815.64	344.74	9.03	3470.9	90.97
城乡社区事务	12959.49	17.18	0.13	12942.31	99.87
农林水事务	14173.83	539.67	3.81	13634.16	96.19
交通运输	10400.42	731.16	7.03	9669.26	92.97

资料来源：2015年《中国统计年鉴》。

（2）博弈中期

中央和地方的博弈属于一种序贯博弈。中央政府先制定激励机制并设定相关的奖励标准和力度，地方政府据此选择努力程度和遵从程度以最大化地方利益，然后中央在考虑了地方各种可能的反应行为后，以全局利益最大化为目标相应地执行合适的激励力度。当中央政策与地方利益发生冲突时，为了地方自身利益，拥有一定管理权和处置权以及过大的行政自由裁量权的地方政府，往往会借着信息不对称的掩盖，将正式的博弈遁形为"上有政策、下有对策"的游戏，并通过对中央政策的无视、歪曲或某种程度的讨价还价来达到自己的目的。一方面，基于当前 GDP 导向的政绩考核压力，主要关注短期经济利益的地方政府更加注重基础设施建设、工业产业发展、招商引资等可以快速刺激经济增长的项目，而不愿投入过多财力到公共物品和公共服务中，对于本身权责不明的外溢性公共品更是唯恐避之不及，在外溢性较强的环境治理问题上也是倾向于"坐享渔利"。另一方面，由于中央激励机制和问责机制的不完善，地方政府往往存在骗取中央财力支持的动机，承诺供给外溢性公共品，但现实中却采取"软执行"的做法。这样不仅能上报"完美"的地方执行信息以应付考核，还能获得更多的财政补助。参见图 7-1。

图 7-1 中央政府和地方政府博弈过程中的行为模式选择

（3）博弈后期

中央和地方博弈互动的后期，还涉及中央对地方的问责和惩罚机制。虽然目前的中国式分权构成了政府职能划分上的"委托—代理"模式，但实际上委托方中央政府并未放弃对代理方地方政府的控制与监督，包括事后对地方政府的纵向问责和惩罚机制，此时，党管干部体制就构成了纵向问责和惩罚机制的核心。就目前我国的问责和惩罚制度体系来看，主要以 2009 年《关于实行党政领导干部问责的暂行规定》为依据。这一全面而系统的规定明确指出："对党政领导干部实行问责，坚持严格要求、实事求是，权责一致、惩教结合，依靠群众、依法有序的原则①。"虽然我国实行党政干部问责制以来，确有一番成效，单是 2013 年就有 21464 名党政领导干部被问责②。然而

---

① 参见中办发［2009］25 号文：《关于实行党政领导干部问责的暂行规定》。
② 中央纪委：2013 年全国 21464 名党政领导干部被问责［EB/OL］.［2014-1-10］. http://fanfu. people. cn/n/2014/0110/c64371-24081205. html.

以人事任免权为核心的纵向问责机制在某些领域上却存在以下问题：其一，该规定明确指出权责一致原则，而对于本身权责界定不清晰的外溢性公共品供给，地方政府总可以找到漏洞来推卸责任。此时，中央往往因找不到明确的问责对象而无法进行责任追究，一旦出现赏罚不明，就会极大地挫伤地方的积极性，削弱中央政府的权威，使得中央与地方的协同合作就更具有挑战性。其二，在中国式分权背景下，中央政府表面上对地方具有较强的控制力，但由于信息不对称、代理失灵等原因，中央政府塑造地方政府行为模式的渗透性权力十分有限。因此，虽然中央政府确实会在一定程度上对地方政府行为产生影响，但却始终无法从根本上扭转地方政府的行为模式。

3. 博弈结果

由于中央政府的信息劣势，无法全面监督地方政府的执行情况，同时由于双方互动过程中存在各种不确定和不稳定因素，在外溢性公共品供给问题上就产生了中央集权与地方事实上的分权杂糅并存的局面，使得博弈结果并不理想。根据 Tullock（1965）对官僚科层制中官员行为的分析，地方官员为了迎合取悦上级领导，会针对性地选择"上传"有利于自己的信息，此时上级政府实际上掌握的知识和信息就缺乏客观性、全面性和有效性，这种人为信息操纵必然导致上级决策失误。同样地，地方政府总倾向于利用其信息优势采取控制、过滤、隐瞒信息以及虚假执行等策略来与处于"理性无知"①下的中央政府博弈，在这样的背景下，中央和地方的非合作博弈就很难达到理想的效果，甚至产生逆向选择和道德风险问题，而这些都导致了外溢性公共品供给出现了水平不足、结构失衡、效率低下的问题。

7.3　地方政府之间在外溢性公共品供给上的行为博弈

对于与地方经济发展相关联、受益区域主要局限在地方的公共品，其相应的支出责任应该归属于地方政府。同时，职能下属化原则也要求只要是适

---

① 理性无知是指人们面对信息搜寻的巨大成本和搜寻结果的不确定性时，不去获取某些信息和知识的行为。具体内容参见：布坎南，布伦南. 规则的理由 [M]. 北京：中国社会科学出版社，2004。

合地方政府承担的财政责任都应该尽量由地方政府来承担，从而通过改善信息不对称状况来改进公共品供给质量。此外，职能下属化原则的要求也能匡正地方政府之间的竞争行为，从而提高政府效率。在环境治理上，《环境保护法》明确指出，地方各级人民政府应当对本行政区域的环境质量负责。

7.3.1 地方政府之间在外溢性公共品供给博弈上的行为模式分析

在我国，各级政府之间并没有明确和正式的责任划分，地方政府重复和重叠支出程度较高，这就使得辨别由哪级政府负责提供哪些特定的公共品就变得更加困难，还有可能导致公共品供给不足、结构失衡以及效率低下的问题。Dommel（1991）指出，相比于命令服从式的政府间纵向关系，横向政府间关系更多地表现为一种对等权力下的竞争与协商。本节正是从这两个维度出发，通过简单的博弈模型分析地方政府之间在外溢性公共品供给问题上的行为模式。

根据我国分权背景下的中央和地方关系，地方政府作为独立化的利益主体，以自身效用最大化为目标，属于理性经济人范畴。因此在策略互动的博弈模型下，可以假定存在两个地方政府 A 与 B，二者在某一项或多项外溢性公共品上存在利益相关性，由一方单独供给该外溢性公共品时的成本为 30 个单位，收益为 100 个单位，考虑到外溢性的距离衰减特征，假设该外溢性公共品可以使另一个地区获得 50 个单位的收益。那么，当双方以区域共同利益最大化为目标，在外溢性公共品上开展坦诚的协商合作，则双方均可以获得 100 个单位的收益，此时，供给成本 30 可以在二者之间均摊，即此时双方的净收益为（85，85）；如果 A 违背合作协议，在 B 供给外溢性公共品时选择"坐享渔利"，则此时由于收益外溢，A 可以获得 50 个单位的收益，而 B 因为独自承担公共支出成本而只能获得 70 个单位的收益；如果 A、B 双方相互欺骗，都选择不合作，则外溢性公共品供给量为零，双方收益为（0，0）。此时就形成了地方政府 A 与 B 的博弈收益矩阵（见图 7-2），可以发现，虽然"合作，合作"是最理想的双赢状态，然而，由于双方无法准确预期对方的博弈策略条件，因此各自最优的策略选择必然是欺骗，这也是对对方选择欺骗策略的最佳回应。在这种典型的非合作博弈下，"纳什均衡"必然成为博弈的策略组合，而"囚徒困境"则成为了博弈的最终结果。

		地方政府A	
		合作	欺骗
地方政 府B	合作	（85，85）	（70，50）
	欺骗	（50，70）	（0，0）

图7-2　地方政府外溢性公共品供给博弈的收益矩阵

　　虽然博弈模型可以从理论上大概地分析地方政府在外溢性公共品供给问题上的行为模式，但是现实世界中还是存在很多模型假设以外的因素来左右地方政府的行为：第一，在理论模型中一般假设只存在两个博弈主体，然而在我国，一个地区的相邻、同流域等利益相关联的辖区远不止一个，也就是说，需要参与某项外溢性公共品供给博弈的地方主体数目可能会达到三个甚至更多。此时，地方政府搭便车的动机会更强。第二，理论模型假设地方政府间的博弈为一次性博弈，即博弈结果可以决定最终的利益分配格局，而实际上辖区边界特征决定了地方政府之间在外溢性公共品供给问题上的博弈过程是长期性的，且处于不断变化的过程中，这样，"势均力敌"式的重复博弈只会耗尽地方的财力与智力，将其在下一轮竞争和创新中置于不利地位①。考虑到这一预期后果，地方政府很可能会放弃短期机会主义行为，在某种条件下选择合作以获得长远回报。第三，达成合作协议的交易成本的大小也决定了地方政府的行为模式，如果合作所需要的成本远远大于其带来的收益，那么在没有更高级政府进行宏观协调的背景下，合作机制就几乎无法达成。

7.3.2　地方政府之间在外溢性公共品供给博弈上的竞争机制

　　"地方政府竞争"这一概念是基于 Breton（1996）的"竞争性政府"（competitive governments）而生，它是指市场经济各区域经济体中的政府以吸

―――――――――
① 布利克，厄恩斯特.协作型竞争［M］.北京：中国大百科全书出版社，1998：1.

引各类具有流动性的资源和要素为目标，以利用包括税收、环境政策、教育、医疗、福利等手段而展开多种类型的竞争，以增强各区域经济体自身竞争优势的行为。地方政府竞争主要以争夺稀缺资源为根本目标，在外溢性公共品供给博弈上的竞争机制可以划分为三个层面：为经济增长而竞争、为政治升迁而竞争以及为民生福利而竞争（为和谐而竞争）。

1. 为经济增长而竞争

改革开放以来，在财政分权和行政分权的推动下，地方政府逐渐拥有了经济发展的自主权，也进一步构成了地方政府致力于发展本地经济的利益格局，从而强化了地方政府展开横向竞争的现实手段与工具。一方面，在提升GDP增长率目标上，各地通过差异化的税收或支出政策吸引劳动力和资本，在大型基础设施建设等公共项目上展开直接的竞争；另一方面，中央政府对于鼓励地方政府提供公共品，尤其是外溢性公共品，特别设有税收返还和转移支付政策，各地方政府通过多种博弈策略和手段与中央进行讨价还价，在争夺中央更多的优惠政策和特殊照顾方面展开间接有效的竞争。因此，当提供外溢性公共品可以明显提高经济增长速度，或者获得更多有效的中央有利资源时，各地地方政府也会竞相提供外溢性公共品，即使这样会造成无谓的重复建设和资源浪费。在中国式分权背景下，各地方政府通过引导稀缺资源的流入和限制其流出来发展经济，这种"为增长而竞争"[①]的模式虽然确实有助于经济发展，但其代价却是市场配置资源的功能发生变异和扭曲、粗放污染式的经济增长模式和社会性支出的普遍短缺，同时造成了各地以邻为壑、恶性竞争的局面，地方政府间的趋劣竞争甚至使得地方反而无力提供公共品。

2. 为政治升迁而竞争

在我国特有的人事任免制度下，地方官员由上级政府直接任命，以GDP增长率为主的相对绩效评估标准作为地方官员的政绩考核机制，在很大程度上决定了该官员能否得到提拔和升迁。在地方政府"向上负责"的激励机制和治理模式下，中央政府政治治理的重要信息来源于地方可度量的"标尺"

---

① 参见：傅勇和张晏，2007；张军，2005。

（yardstick，又称"政绩"）。因此，在政治资源有限的情况下，地方官员为了该"标尺"不可避免地展开了一系列雷同的竞争策略和模仿行为。在我国，地方保护主义盛行、地区产业结构雷同、重复建设严重等现象就是最典型的表现①。由于外溢性公共品本身的支出责任并不明晰，地方政府即使能有效地实现外溢性公共品的供给，该公共品的收益外溢使得这一"功劳"也无法明确地划归到付出成本和努力的地方官员政绩范围内，因此对于地方政府的政治升迁作用并不大，换而言之，除非可以明确划分和测量外溢性公共品的供给绩效，否则它就与地方官员的政治仕途并没有明确而实质的联系，因而不能成为有效的政治激励。同时，在考虑政治升迁时，晋升锦标赛模式会进一步加强地方保护主义和恶性竞争循环，一些地方甚至会采取损人不利己的策略来达到目的（周黎安，2004）。

3. 为民生福利而竞争

在经济增长和政治升迁激励下，一些与民生福利有关的如环境、教育、医疗等公共项目由于所需投资大且见效慢、短期经济增长和标尺效应不明显而被地方政府忽视，造成地方财政支出结构出现"重基本建设、轻人力资本投资和公共服务"的明显扭曲。然而，当辖区间政府并不是"为了政治升迁而竞争"，而是出于本辖区居民利益最大化，那么，辖区政府必然会根据本辖区的比较优势采取异质化的竞争策略，也就是说竞争行为在地区之间并非简单的重复和模仿。推动地方政府竞争继续进行的内在动力来自要素自由退出的机会，因此"为民生福利而竞争"的主要机制表现为"用脚投票"。此时，良好的公共服务和基础设施、完善的法律法规体系和司法程序、较低的商业运行成本和公平的市场交易秩序等民生福利项目就成为了居民对本辖区行政机构和官员的评价依据。即使这些项目或多或少的都具有收益外溢性，但是其收益也会随着距离的增加而逐渐递减。辖区居民，即投票人，作为可流动的要素资源，以相邻辖区政府在民生福利上的绩效作为评判本辖区政府绩效的标杆，做出是否"流出"的决策，这在一定程度上对地方政府的行为策略和模式施加了压力，从而迫使其为改善民生福利而竞争。由于外溢性公

①　参见：Yang, 2001；周黎安，2004。

共品最能体现地方政府相较于周围政府在民生福利上的"人文关怀"优势，因此出于民生福利层面的考虑，地方政府具有通过提供外溢性公共品而展开竞争的动机。

"经济增长"属于地方政府展开横向竞争的主要手段和有效途径，"民生福利"只能成为地方政府的辅助手段，而"政治升迁"才是竞争的最终目的。地方官员只要努力提高本辖区经济发展速度，改善民生福利，就会得到中央政府的奖励和提拔，从而实现"政治升迁"。良性的地方政府竞争可以促进地方创新、优化公共品结构、加速经济增长，但是无序竞争会损害辖区内的福利水平，降低地方间外溢性公共品的供给水平和效率。

7.3.3　地方政府之间在外溢性公共品供给博弈上的合作机制

1. 合作的动机和可能性

第一，从能力与收益对比的角度出发，外溢性公共品的特殊性之一在于，单个地方政府财政资金和治理能力的有限性与公共品收益的多辖区外溢性之间存在巨大的悬殊与矛盾，使得单一地方政府很难凭借一己之力有效解决其供给问题，这样，相关联地方政府协商合作就成为一种可能。同时，从长期来看，地方政府可以合理预期到合作带来的收益会更多。这样，预期收益最大的一方会主动发起合作邀约，表达合作需求与意愿，并努力促成合作协议的制定。第二，从比较优势的理论出发，我国幅员辽阔，在地理行政区划的限制下，不同地区在资源禀赋、资金存量、人才和技术储备、地理环境等各个方面相差甚远，这就意味着地区之间存在很大的合作空间。尤其在外溢性公共品供给层面上，当地区间对于提供不同公共品具有较为明显的比较优势时，地区之间可以利用各自的比较优势进行协调分工，此时合作就是双赢的选择。合作可以将外溢性公共品供给上的"囚徒困境"转换为正和博弈。

在区域环境治理的例子上，《中华人民共和国环境保护法》对各级政府的环境职责作出了明确规定："跨行政区的环境污染和环境破坏的防治工作，由有关地方人民政府协商解决，或者由上级人民政府协调解决，作出决定"。

2. 达成合作的困境

由于外溢性公共品的收益具有共享性，相关联的地方政府在其供给博弈上很难走出合作困境，具体表现在以下几个方面：第一，共同利益和地方利益博弈的困境。逐利性是促使相关联地方政府达成合作的根本原因，也是他们合作失效的根本原因。虽然环境治理、基本医疗、义务教育等外溢性公共品属于各地方的共同利益需求，协商合作分摊成本必然构成地方政府的可选策略之一。然而，由于区域公共品的外溢性以及地方政府竞争性关系的客观存在，追求本地利益最大化的地方政府不可避免地在合作过程中面临着违背协议选择"搭便车"的诱惑。第二，合作协调机制的稳定性与效率困境。目前我国地方政府间的沟通渠道和协调合作机制并没有制度化，合作协议大多通过地方领导人的口头承诺达成，缺乏法律效力，也不具有稳定性，一旦地方领导职务变动，合作协议很容易陷入瘫痪或者失效状态。此外，合作方的信息公开水平不高以及合作本身的复杂性和长期性都会降低合作协调机制的效率。第三，法律和政策问题带来的执行困境。目前我国宪法和地方组织法中较少涉及有关政府间合作的具体规定，更未涉及地方政府合作机制的建立、权利与责任分担等问题，同时在事前制定协议和事后执行监督过程中都缺乏上级权威机构的协调，这就使得地方政府在具体落实相关事务和政策时总会存在争权、诿责和"钻空子"的情形。

7.4　走出博弈困境的机制设计

第一，在中央政府和地方政府的博弈过程中，在博弈前期，构建和完善对地方官员的绩效考核与激励机制，加强对地方政府在民生福利建设方面的考核，尤其是环保、医疗和教育等社会事业，切实转变政府职能，强化地方"为民生福利而竞争"的行为动机，搭建有效的信息共享平台，弱化和缓解纵向信息不对称带来的低效问题，要进一步构建和完善中央对地方的问责惩罚机制以及利益补偿机制，对地方形成有效的行为约束。此外，应根据《深化财税体制改革总体方案》的要求适当调整中央和地方政府间财政关系，合理划分政府间事权和支出责任，建立事权和支出责任相适应的制度。

第二，在地方政府之间的横向博弈过程中，要构建科学合理、稳定高效的沟通协调机制和权责分担机制，将其进一步制度化、法律化，并利用第三方机制加强监督与管理，强化地方政府之间的合作动机与激励，协调利益矛盾和冲突，构建区域合作长效机制。通过完善"用脚投票"长效机制来引导地方政府开展有序的良性竞争，创建地区间合力供给外溢性公共品的有效平台。

| 8 |

结　　论

　　由于直接关系到民生福祉和社会发展稳定，公共品供给问题始终受到政府与社会各界的广泛关注，而收益具有溢出效应的外溢性公共品的供给问题最近几年也开始逐渐成为热点议题。外溢性公共品本身的特殊性在于其供给职责难以清晰界定，使得理性的各层级政府之间容易产生相互推诿与卸责的倾向，因此，各级政府在外溢性公共品供给上的决策、筹资、管理和监督机制的分解与共担就成为必需品。在我国，受经济发展模式、财政体制和官员考核制度等因素的影响，典型外溢性公共品供给质量或多或少地存在各种问题。本书在清晰界定外溢性公共品的内涵、形式与特征之后，以最具代表性的外溢性公共品——环境治理为例，具体分析了其空间分布特征以及供给水平、供给结构和供给效率问题，基本结论如下。

　　第一，在空间分布上，各省份在环境财政支出上呈现出极弱的负相关性，一定程度上体现了地区间在环境财政支出上的外溢性所导致的选择性"搭便车"行为；而在具体的污染物排放及治理上，我国的主要环境污染排放物具有明显的集聚效应，污染区域化现象较为明显，验证了我国在环境污染上加强区域协同治理的必要性和重要性。

　　第二，在供给水平上，我国居民对环境公共品的需求日益强烈，而由于中央对地方供给外溢性公共品的财政激励不足、现有体制下地方政府职能扭曲、地方官员个人利益最大化动机以及地区间在外溢性公共品供给上的不合作倾向等原因，我国地区间外溢性环境公共品供给水平显著不足，未来要进一步明确事权与支出责任、改革官员绩效考核制度、构建地区间外溢性公共品供给的合作机制、强化政府部门以外各主体自愿供给的意愿和动机。

第三，在供给结构上，我国外溢性环境公共品在供给主体结构、供给区域结构和供给种类结构上都出现了失衡现象。具体而言，在供给主体上，长期单一的"政府主导型"环保工作模式抑制了私人部门、第三部门和居民个人的作用；在供给区域上，各省份在环境治理上存在严重的不均衡现象；在供给种类上，外溢性环境公共品供给存在严重的"重生产、轻生活""重城市、轻农村""重突击轻日常"等问题。未来要积极发展环保NGO、逐渐实现多元供给主体的合理分工，优化转移支付制度、缓解供给区域结构失衡，完善环境需求表达机制、保障不同种类环境公共品的有效供给。

第四，在供给效率上，经过多年努力，我国各省、自治区、直辖市的环境治理效率仍处于一个中等水平，各地区之间差异悬殊，部分地区效率十分低下，且存在投入冗余现象，仍需要进一步挖掘技术对生产力的拉动作用。从时间趋势上看，环境治理效率的提高主要源于环境治理生态保护过程中新技术的发明与采用，但在技术运用到生产等实践环节时，政府环保机构组织管理不善等原因引起的技术效率低下问题却又反过来抑制了治理效率整体的提升。实证结果表明，我国财政分权度与第二产业占比对环境治理效率的提高具有显著影响。

最后，本研究回归到一般性外溢性公共品供给问题，在界定我国外溢性公共品供给中的政府职能及支出责任划分的基础上，对中央与地方、地方与地方之间的行为博弈展开深入分析，总结出适应我国经济发展和财政体制现实的外溢性公共品多元联动联合供给机制。具体而言，在合理划分和界定各级政府事权与支出责任的基础上，根据公共品空间外溢性的分布特征，当外溢性遍布全国时，则由中央政府直接统一供给；当空间外溢性只涉及部分省区时，则由中央政府根据外溢性关联程度负责统筹划定"福利边界"，边界内的相关地方则自行协商构建具体的联合供给合作机制。同时，中央政府应从利用多种手段鼓励和扶持第三部门以及民间组织的发展，引导和激励企业、第三部门以及个人对外溢性公共品的自愿供给，从而形成多方合作、合力供给的最佳状态。其一，在外溢性公共品上，逐渐弱化行政边界和经济边界的影响，根据外溢效应的空间分布形式，针对性地提出一个地区间的"福利边界"或主体功能区，比如环境边界、教育边界等，规范地区之间有效开展合作。其二，除了全国普遍受益的部分外溢性公共品，中央政府的主要职责在于后方支持、统筹协调和有效监督，具体的合作形式和手段则由地方自行磋商。逐渐弱化 GDP 考核机制，加强政府公共服务意识，转变政府职能。其三，提供非政府部门生存发展的有利条件，进一步规范化法律化，从而鼓励企业、第三部门和私人部门等对外溢性公共品的自愿供给，构建以政府为主导的多元供给模式。

当然，外溢性公共品供给本身就是一个博大精深、错综复杂的问题，由于笔者能力和资源有限，很难做到全面、细致、精准，同时受数据限制，在定量分析过程中难免存在一些缺憾，这也是日后需要继续努力完善的地方。单纯就这一主题而言，在国外先进模式的对比与借鉴、多个地区多个外溢性公共品的博弈分析、不同程度外溢性公共品的供给异质性、多地区供给成本的空间动态匹配和分摊、省级以下地方政府供给制度的改进与协调等方面，都值得在未来展开进一步深入研究。

参考文献

［1］阿特金森，斯蒂格利茨．公共经济学［M］．上海：上海三联书店，1994.

［2］奥斯特罗姆，帕克斯，惠特克．公共服务的制度建构［M］．上海：上海三联书店，2000.

［3］布坎南，塔洛克．同意的计算［M］．北京：中国社会科学出版社，2000.

［4］蔡昉，都阳．中国地区经济增长的趋同与差异［J］．经济研究，2000（10）：30－37.

［5］陈工，邓逸群．中国式分权与环境污染——基于空气质量的省级实证研究［J］．厦门大学学报（哲学社会科学版），2015（4）：110－120.

［6］陈抗，Hillman A L，顾清扬．财政集权与地方政府行为变化——从援助之手到攫取之手［J］．经济学（季刊），2002，2（1）：111－130.

［7］陈硕，高琳．央地关系：财政分权度量及作用机制再评估［J］．管理世界，2012（6）：43－59.

［8］陈思霞，卢洪友．辖区间竞争与策略性环境公共支出［J］．财贸研究，2014，25（1）：85－92.

［9］陈雪娟，余向华．公共品供给城乡一体化的研究述评［J］．经济学动态，2011（12）：89－92.

［10］崔亚飞，刘小川．中国省级税收竞争与环境污染［J］．财经研究，2010，36（4）：46－55.

[11] 邓可斌,丁菊红. 转型中的分权与公共品供给: 基于中国经验的实证研究 [J]. 财经研究, 2009, 35 (3): 80-90.

[12] 丁菊红,邓可斌. 政府偏好,公共品供给与转型中的财政分权 [J]. 经济研究, 2008 (7): 78-89.

[13] 范子英. 中国的财政转移支付制度: 目标,效果及遗留问题 [J]. 南方经济, 2011 (6): 67-80.

[14] 傅勇. 财政分权,政府治理与非经济性公共物品供给 [J]. 经济研究, 2010 (8): 4-15.

[15] 傅勇,张晏. 中国式分权与财政支出结构偏向: 为增长而竞争的代价 [J]. 管理世界, 2007 (3): 4-22.

[16] 江依妮. 中国政府公共服务职能的地方化及其后果 [J]. 经济学家, 2011 (7): 78-84.

[17] 金太军. 从行政区行政到区域公共管理——政府治理形态嬗变的博弈分析 [J]. 中国社会科学, 2007 (6): 53-65.

[18] 李军杰. 经济转型中的地方政府经济行为变异分析 [J]. 中国工业经济, 2005 (1): 39-46.

[19] 李明全,王奇. 基于双主体博弈的地方政府任期对区域环境合作稳定性影响研究 [J]. 中国人口资源与环境, 2016, 26 (3): 83-88.

[20] 李萍. 财政体制简明图解 [M]. 北京: 中国财政经济出版社, 2010.

[21] 李涛,周业安. 中国地方政府间支出竞争研究——基于中国省级面板数据的经验证据 [J]. 管理世界, 2009 (2): 12-22.

[22] 刘承礼. 中国式财政分权的解释逻辑: 从理论述评到实践推演 [J]. 经济学家, 2011 (7): 61-67.

[23] 刘明慧,安然. 政府间财政职能划分: 理论适应性与改革思路 [J]. 财政研究, 2015 (2): 19-23.

[24] 刘尚希,李敏. 论政府间转移支付的分类 [J]. 财贸经济, 2006 (3): 17-22.

[25] 刘兴凯. 中国服务业全要素生产率阶段性及区域性变动特点分析——基于1978~2007年省际面板数据的研究 [J]. 当代财经, 2009 (12): 80-87.

［26］卢洪友，龚锋.政府竞争，"攀比效应"与预算支出受益外溢［J］.管理世界，2007（8）：12-22.

［27］卢洪友，袁光平，陈思霞，等.中国环境基本公共服务绩效的数量测度［J］.中国人口资源与环境，2012，22（10）：48-54.

［28］吕炜，王伟同.发展失衡，公共服务与政府责任——基于政府偏好和政府效率视角的分析［J］.中国社会科学，2008（4）：52-64.

［29］乔宝云，范剑勇，冯兴元.中国的财政分权与小学义务教育［J］.中国社会科学，2005（6）：37-46.

［30］屈小娥.1990~2009年中国省际环境污染综合评价［J］.中国人口资源与环境，2012，22（5）：158-163.

［31］冉冉."压力型体制"下的政治激励与地方环境治理［J］.经济社会体制比较，2013，29（3）：111-118.

［32］沈坤荣，付文林.税收竞争，地区博弈及其增长绩效［J］.经济研究，2006（6）：16-26.

［33］沈体雁，等.空间计量经济学［M］.北京：北京大学出版社，2011.

［34］世界银行.1997年世界发展报告［M］.北京：中国财政经济出版社，1997.

［35］世界银行.2012年世界发展数据手册［M］.北京：中国财政经济出版社，2012.

［36］世界银行.2014年世界发展数据手册［M］.北京：中国财政经济出版社，2014.

［37］斯蒂格利茨.公共部门经济学［M］.北京：中国人民大学出版社，2005.

［38］斯蒂文斯.集体选择经济学［M］.上海：上海人民出版社，1999.

［39］斯密.国民财富的性质和原因［M］.北京：商务印书馆，1974.

［40］苏长和.中国地方政府与次区域合作：动力，行为及机制［J］.世界经济与政治，2010（5）：4-24.

［41］孙伟增，罗党论，郑思齐，等.环保考核，地方官员晋升与环境治理——基于2004~2009年中国86个重点城市的经验证据［J］.清华大学

学报：哲学社会科学版，2014（4）：49 - 62.

　　[42] 唐斯. 官僚制内幕 [M]. 北京：中国人民大学出版社，2006.

　　[43] 王兵，吴延瑞，颜鹏飞. 中国区域环境效率与环境全要素生产率增长 [J]. 经济研究，2010（5）：95 - 109.

　　[44] 王德文. 渐进式改革进程中的地区专业化趋势 [J]. 经济研究，2002（9）：24 - 30.

　　[45] 汪冲. 政府间转移支付，预算软约束与地区外溢 [J]. 财经研究，2014，40（8）：57 - 66.

　　[46] 王奇，吴华峰，李明全. 基于博弈分析的区域环境合作及收益分配研究 [J]. 中国人口资源与环境，2014，24（10）：11 - 16.

　　[47] 汪伟全. 空气污染的跨域合作治理研究——以北京地区为例 [J]. 公共管理学报，2014，11（1）：55 - 64.

　　[48] 王永钦，张晏，章元，等. 中国的大国发展道路——论分权式改革的得失 [J]. 经济研究，2007，42（1）：4 - 16.

　　[49] 续竞秦，杨永恒. 地方政府基本公共服务供给效率及其影响因素实证分析——基于修正的 DEA 两步法 [J]. 财贸研究，2011（6）：89 - 96.

　　[50] 杨得前，李建军. 税收征管效率评估：方法与应用 [M]. 北京：中国税务出版社，2013.

　　[51] 杨龙，彭彦强. 理解中国地方政府合作——行政管辖权让渡的视角 [J]. 政治学研究，2009（4）：61 - 66.

　　[52] 杨龙，郑春勇. 地方合作在区域性公共危机处理中的作用 [J]. 武汉大学学报（哲学社会科学版），2011（1）：57 - 68.

　　[53] 杨宇谦，吴建南，白波. 资源禀赋与公共品供给——合作视角下的实验研究 [J]. 管理评论，2012，24（11）：158 - 169.

　　[54] 殷德生. 最优财政分权与经济增长 [J]. 世界经济，2005，27（11）：62 - 71.

　　[55] 余长林. 财政分权，公共品供给与中国城乡收入差距 [J]. 中国经济问题，2011（5）：36 - 45.

　　[56] 张紧跟. 试论新区域主义视野下的泛珠江三角洲区域合作 [J]. 武汉大学学报（哲学社会科学版），2008，61（3）：351 - 357.

［57］张军. 中国经济发展：为增长而竞争［J］. 世界经济文汇，2005（4）：101 – 105.

［58］张欣怡. 财政分权与环境污染的文献综述［J］. 经济社会体制比较，2013，170（6）：246 – 253.

［59］张晏，龚六堂. 地区差距，要素流动与财政分权［J］. 经济研究，2004（7）：59 – 69.

［60］张征宇，朱平芳. 地方环境支出的实证研究［J］. 经济研究，2010（5）：82 – 94.

［61］张志红. 当代中国政府间纵向关系研究［M］. 天津：天津人民出版社，2005.

［62］郑磊. 财政分权，政府竞争与公共支出结构——政府教育支出比重的影响因素分析［J］. 经济科学，2008（1）：28 – 40.

［63］郑思齐，万广华，孙伟增，等. 公众诉求与城市环境治理［J］. 管理世界，2013（6）：72 – 84.

［64］中华环保联合会. 中国环保民间组织发展状况报告［R］. 2009.

［65］周黎安，李宏彬，陈烨. 相对绩效考核：中国地方官员晋升机制的一项经验研究［J］. 经济学报，2005，1（1）：83 – 96.

［66］朱浩，傅强，魏琪. 地方政府环境保护支出效率核算及影响因素实证研究［J］. 中国人口资源与环境，2014，24（6）：91 – 96.

［67］卓凯，殷存毅. 区域合作的制度基础：跨界治理理论与欧盟经验［J］. 财经研究，2007，33（1）：55 – 65.

［68］Akai N, Ihori T. Central government subsidies to local public goods［J］. Economics of governance, 2002, 3（3）：227 – 239.

［69］Alberini A, Segerson K. Assessing voluntary programs to improve environmental quality［J］. Environmental and resource economics, 2002, 22（1 – 2）：157 – 184.

［70］Altemeyer – Bartscher M, Rübbelke D T G, Sheshinski E. Environmental protection and the private provision of international public goods［J］. Economica, 2010, 77（308）：775 – 784.

［71］Anselin L. Local indicators of spatial association – LISA［J］. Geographical analysis, 1995, 27 (2): 93 – 115.

[72] Anselin L, Rey S J. Perspectives on spatial data analysis [M]. Springer Berlin Heidelberg, 2010.

[73] Anselin L, Varga A, Acs Z. Local geographic spillovers between university research and high technology innovations [J]. Journal of urban economics, 1997, 42 (3): 422 – 448.

[74] Arnott R, Grieson R E. Optimal fiscal policy for a state or local government [J]. Journal of urban economics, 1981, 9 (1): 23 – 48.

[75] Arrow K J. The economic implications of learning by doing [J]. The review of economic studies, 1962, 29 (3): 155 – 173.

[76] Asheim G B, Froyn C B, Hovi J, et al. Regional versus global cooperation for climate control [J]. Journal of environmental economics and management, 2006, 51 (1): 93 – 109.

[77] Audretsch B. Agglomeration and the location of innovative activity [J]. Oxford review of economic policy, 1998, 14 (2): 18 – 29.

[78] Audretsch D B, Feldman M P. Knowledge spillovers and the geography of innovation [J]. Handbook of regional and urban economics, 2004, 4: 2713 – 2739.

[79] Bahar D, Hausmann R, Hidalgo C A. Neighbors and the evolution of the comparative advantage of nations: Evidence of international knowledge diffusion? [J]. Journal of international economics, 2014, 92 (1): 111 – 123.

[80] Baicker K. The spillover effects of state spending [J]. Journal of public economics, 2005, 89 (2): 529 – 544.

[81] Banker R D, Charnes A, Cooper W W. Some models for estimating technical and scale inefficiencies in data envelopment analysis [J]. Management science, 1984, 30 (9): 1078 – 1092.

[82] Barrett S. A theory of full international cooperation [J]. Journal of theoretical politics, 1999, 11 (4): 519 – 541.

[83] Barrett S. Environment & Statecraft: The Strategy of environmental treaty-making [M]. Oxford University Press, New York. 2003.

[84] Barrios S, Bertinelli L, Strobl E. Multinationals and regional indige-nous development [J]. The annals of regional science, 2005, 39 (1): 149 – 166.

[85] Batabyal A A, Nijkamp P. The environment in regional science: An eclectic review [J]. Papers in regional science, 2003, 83 (1): 291 – 316.

[86] Baumol W J, Oates W E. The theory of environmental policy [M]. Cambridge University Press, 1988.

[87] Bernheim B D, Bagwell K. Is everything neutral? [J]. Journal of politi-cal economy, 1988, 96 (2): 308 – 338.

[88] Besley T, Coate S. Centralized versus decentralized provision of local public goods: A political economy approach [J]. Journal of public economics, 2003, 87 (12): 2611 – 2637.

[89] Bilodeau M, Slivinski A. Rival charities [J]. Journal of public econom-ics, 1997, 66 (3): 449 – 467.

[90] Bjorvatn K, Schjelderup G. Tax competition and international public goods [J]. International tax and public finance, 2002, 9 (2): 111 – 120.

[91] Bloch F, Zenginobuz U. The effect of spillovers on the provision of local public goods [J]. Review of economic design, 2007, 11 (3): 199 – 216.

[92] Boadway R, Pestieau P, Wildasin D. Tax-transfer policies and the vol-untary provision of public goods [J]. Journal of public economics, 1989, 39 (2): 157 – 176.

[93] Boadway R, Song Z, Tremblay J F. Commitment and matching contri-butions to public goods [J]. Journal of public economics, 2007, 91 (9): 1664 – 1683.

[94] Borck R, Owings S. The political economy of intergovernmental grants [J]. Regional science and urban economics, 2003, 33 (2): 139 – 156.

[95] Boskin M J. Local government tax and product competition and the opti-mal provision of public goods [J]. Journal of political economy, 1973, 81 (1): 203 – 210.

[96] Bradford D F, Oates W E. Suburban exploitation of central cities and

governmental structure ［M］. Columbia University Press, 1972.

［97］ Bradford D F, Malt R A, Oates W E. The rising cost of local public services: Some evidence and reflections ［J］. National tax journal, 1969, 22 (2): 185 – 202.

［98］ Brainard W C, Dolbear F T. The possibility of oversupply of local "public" goods: A critical note ［J］. Journal of political economy, 1967, 75 (1): 86 – 90.

［99］ Bramley G. Equalization grants and local expenditure needs: the price of equality ［M］. Aldershot: Avebury, 1990.

［100］ Break G F. Intergovernmental fiscal relations in the United States ［M］. Washington, DC: Brookings institution, 1967.

［101］ Breton A. Competitive governments ［M］. Cambridge Books, 1996.

［102］ Buchanan J M. An economic theory of clubs ［J］. Economica, 1965, 32 (125): 1 – 14.

［103］ Buchanan J M. Federalism and fiscal equity ［J］. The American economic review, 1950, 40 (4): 583 – 599.

［104］ Buchanan J M, Stubblebine W C. Externality ［J］. Economica, 1962, 29 (116): 371 – 384.

［105］ Candel – Sánchez F. The externalities problem of transboundary and persistent pollution ［J］. Journal of environmental economics and management, 2006, 52 (1): 517 – 526.

［106］ Careaga M, Weingast B. Fiscal federalism, good governance, and economic growth in Mexico ［J］. In search of prosperity: analytical narratives on economic growth, 2003: 399 – 435.

［107］ Carraro C, Siniscalco D. Strategies for the international protection of the environment ［J］. Journal of public economics, 1993, 52 (3): 309 – 328.

［108］ Case A C, Rosen H S, Hines J R. Budget spillovers and fiscal policy interdependence: Evidence from the states ［J］. Journal of public economics, 1993, 52 (3): 285 – 307.

［109］ Chander P, Tulkens H. A core-theoretic solution for the design of cooperative agreements on transfrontier pollution [J]. International tax and public finance, 1995, 2 (2): 279 – 293.

[110] Chander P, Tulkens H. Theoretical foundations of negotiations and cost sharing in transfrontier pollution problems [M]. In Public goods, environmental externalities and fiscal competition. Springer US, 2006: 123 – 134.

[111] Chao C M, Dickson B J. Remaking the Chinese state: Strategies, society, and security [M]. London: Routledge, 2001.

[112] Charnes A, Cooper W W, Rhodes E. Measuring the efficiency of decision making units [J]. European journal of operational research, 1978, 2 (6): 429 – 444.

[113] Ciriacy – Wantrup S V. Capital returns from soil-conservation practices [J]. Journal of farm economics, 1947, 29 (4 Part II): 1181 – 1196.

[114] Coase R H. Problem of social cost [J]. Journal of law and economics, 1960, 3 (1): 1 – 44.

[115] Conley J, Dix M. Optimal and equilibrium membership in clubs in the presence of spillovers [J]. Journal of urban economics, 1999, 46 (2): 215 – 229.

[116] Cornes R, Sandler T. The theory of externalities, public goods, and club goods [M]. Cambridge University Press, 1996.

[117] Coase R H. The nature of the firm: influence [J]. Journal of law, economics & organization, 1988, 4 (1): 33 – 47.

[118] Corrado L, Fingleton B. Where is the economics in spatial econometrics? [J]. Journal of regional science, 2012, 52 (2): 210 – 239.

[119] Cremer H, Marchand M, Pestieau P. Investment in local public services: Nash equilibrium and social optimum [J]. Journal of public economics, 1997, 65 (1): 23 – 35.

[120] Crespo N, Fontoura M P. Determinant factors of FDI spillovers-what do we really know? [J]. World development, 2007, 35 (3): 410 – 425.

[121] Crivelli E, Staal K. Size, spillovers and soft budget constraints [J]. International tax and public finance, 2013, 20 (2): 338 – 356.

［122］ Dahlby B. Fiscal externalities and the design of intergovernmental grants ［J］. International tax and public finance, 1996, 3 (3): 397 – 412.

［123］ Danziger L, Schnytzer A. Implementing the Lindahl voluntary-exchange mechanism ［J］. European journal of political economy, 1991, 7 (1): 55 – 64.

［124］ Davis O A, Whinston A. Externalities, welfare, and the theory of games ［J］. Journal of political economy, 1962, 70 (3): 241 – 262.

［125］ De Crombrugghe A, Tulkens H. On Pareto improving commodity tax changes under fiscal competition ［M］. In Public goods, environmental externalities and fiscal competition. Springer US, 2006: 491 – 506.

［126］ Demsetz H. The private production of public goods ［J］. Journal of law and economics, 1970, 13 (2): 293 – 306.

［127］ Deng H, Zheng X, Huang N, et al. Strategic interaction in spending on environmental protection: spatial evidence from Chinese cities ［J］. China and world economy, 2012, 20 (5): 103 – 120.

［128］ Dixit A, Olson M. Does voluntary participation undermine the Coase theorem? ［J］. Journal of public economics, 2000, 76 (3): 309 – 335.

［129］ Dommel P. Intergovernmental relations in managing local government ［M］. Public Administration in Practice, 1991.

［130］ Downs A. Inside bureaucracy ［R］. Consultant to the Rand Corporation, Santa Monica, 1967.

［131］ Driffield, N. Regional policy and the impact of FDI in the UK ［M］. In Inward investment, technological change and growth, ed. , Nigel Pain. Basingstoke: Palgrave, 2000.

［132］ Dudley L, Montmarquette C. The demand for military expenditures: an international comparison ［J］. Public choice, 1981, 37 (1): 5 – 31.

［133］ Dybvig P H, Spatt C S. Adoption externalities as public goods ［J］. Journal of public economics, 1983, 20 (2): 231 – 247.

［134］ Färe R, Grosskopf S, Lovell C A K. The measurement of efficiency of production ［M］. Springer Science & Business Media, 1985.

[135] Färe R, Grosskopf S, Norris M, et al. Productivity growth, technical progress, and efficiency change in industrialized countries [J]. The American economic review, 1994, 84 (1): 66 – 83.

[136] Figuieres C, Hindriks J. Matching grants and Ricardian equivalence [J]. Journal of urban economics, 2002, 52 (1): 177 – 191.

[137] Fischer M M, Varga A. Spatial knowledge spillovers and university research: evidence from Austria [J]. The annals of regional science, 2003, 37 (2): 303 – 322.

[138] Fisman R, Gatti R. Decentralization and corruption: Evidence from US federal transfer programs [J]. Public choice, 2002, 113 (1): 25 – 35.

[139] Foley D K. Lindahl's solution and the core of an economy with public goods [J]. Econometrica: Journal of the econometric society, 1970, 38 (1): 66 – 72.

[140] Frischmann B M, Lemley M A. Spillovers [J]. Columbia law review, 2007, 107 (1): 257 – 301.

[141] Fujita M. A monopolistic competition model of spatial agglomeration: Differentiated product approach [J]. Regional science and urban economics, 1988, 18 (1): 87 – 124.

[142] Geary R C. The contiguity ratio and statistical mapping [J]. The incorporated statistician, 1954, 5 (3): 115 – 146.

[143] Getis A, Ord J K. The analysis of spatial association by use of distance statistics [J]. Geographical analysis, 1992, 24 (3): 189 – 206.

[144] Girma S, Wakelin K. Regional underemployment: Is FDI the solution [J]. GEP research paper, 2001, 1 (11).

[145] Goodspeed T J. Bailouts in a federation [J]. International tax and public finance, 2002, 9 (4): 409 – 421.

[146] Gordon R H. An optimal taxation approach to fiscal federalism [J]. The quarterly journal of economics, 1983, 98 (4): 567 – 586.

[147] Gordon H S. The economic theory of a common-property resource: The fishery [J]. Bulletin of mathematical biology, 1991, 53 (1): 231 – 252.

[148] Gramlich E M. A review of the theory of intergovernmental grants [M]. In The political economy of fiscal federalism. Lexington, MA: Heath, 1977.

[149] Greene W H. On the asymptotic bias of the ordinary least squares estimator of the Tobit model [J]. Econometrica: Journal of the econometric society, 1981, 49 (2): 505 –513.

[150] Greene K V, Neenan W B, Scott C D. Fiscal interactions in a metropolitan area [M]. Lexington: Lexington Books, 1974.

[151] Grossman P J, Mavros P, Wassmer R W. Public sector technical inefficiency in large US cities [J]. Journal of urban economics, 1999, 46 (2): 278 – 299.

[152] Guttman J M. Understanding collective action: matching behavior [J]. The American economic review, 1978, 68 (2): 251 –255.

[153] Hanes N. Spatial spillover effects in the Swedish local rescue services [J]. Regional studies, 2002, 36 (5): 531 –539.

[154] Harris R, Moffat J, Kravtsova V. In search of 'W' [J]. Spatial economic analysis, 2011, 6 (3): 249 –270.

[155] Haughwout A F. Regional fiscal cooperation in metropolitan areas: an exploration [J]. Journal of policy analysis and management, 1999, 18 (4): 579 – 600.

[156] Helland E, Whitford A B. Pollution incidence and political jurisdiction: evidence from the TRI [J]. Journal of environmental economics and management, 2003, 46 (3): 403 –424.

[157] Hines J R, Thaler R H. Anomalies: The flypaper effect [J]. Journal of economic perspectives, 1995, 9 (4): 217 –226.

[158] Holtmann A G. A note on public education and spillovers through migration [J]. Journal of political economy, 1966, 74: 524 –25.

[159] Huang Y. Managing Chinese bureaucrats: an institutional economics perspective [J]. Political studies, 2002, 50 (1): 61 –79.

[160] Inman R P. Federal assistance and local services in the United States: The evolution of a new federalist fiscal order [R]. National Bureau of Economic Re-

search working paper, 1988: 33 – 78.

［161］ Inman R P, Rubinfeld D L. Rethinking federalism ［J］. Journal of economic perspectives, 1997, 11 (4): 43 – 64.

［162］ Keen M, Marchand M. Fiscal competition and the pattern of public spending ［J］. Journal of public economics, 1997, 66 (1): 33 – 53.

［163］ Keller W. Geographic Localization of international technology diffusion ［J］. The American economic review, 2002, 92 (1): 120 – 142.

［164］ Kitchen H, Slack E. Providing public services in remote areas ［M］. In Perspectives on fiscal federalism, 2006: 123 – 139.

［165］ Koide H. Spatial provision of local public goods with spillover effects ［J］. Regional science and urban economics, 1985, 18 (2): 283 – 305.

［166］ Krugman P R. Geography and trade ［M］. MIT Press, 1991.

［167］ Krugman P R. Increasing returns, monopolistic competition, and international trade ［J］. Journal of international Economics, 1979, 9 (4): 469 – 479.

［168］ Ladd H F, Yinger J. America's ailing cities: Fiscal health and the design of urban policy ［M］. Baltimore: Johns Hopkins University Press, 1991.

［169］ Levinson A. Valuing public goods using happiness data: The case of air quality ［J］. Journal of public economics, 2012, 96 (9): 869 – 880.

［170］ Li H, Zhou L A. Political turnover and economic performance: the incentive role of personnel control in China ［J］. Journal of public economics, 2005, 89 (9): 1743 – 1762.

［171］ Lin S A Y. Theory and measurement of economic externalities ［M］. Academic Press, 2014.

［172］ Lindahl E. Just taxation—a positive solution ［J］. Classics in the theory of public finance, 1919, 134: 168 – 176.

［173］ Lipscomb M, Mobarak A M. Decentralization and water pollution spillovers: Evidence from the redrawing of county boundaries in Brazil ［J］. IPC working paper series No. 67. 2008.

［174］ Lundberg J. Spatial interaction model of spillovers from locally provided public services [J]. Regional studies, 2006, 40 (6): 631 – 644.

[175] Maier G. Spillovers and innovations: space, environment, and the economy [M]. Wien: Springer, 2005.

[176] Marshall A. Principles of economics [M]. Macmillan, London, 1890.

[177] Mary – Françoise R, Hang X. Strategic interactions in environmental regulation enforcement: evidence from Chinese provinces [R]. CERDI, halshs – 00672449, 2012.

[178] McCann P, Shefer D. Location, agglomeration and infrastructure [J]. Papers in regional science, 2003, 83 (1): 177 – 196.

[179] Merrill T W. Golden rules for transboundary pollution [J]. Duke law journal, 1997, 46 (5): 931 – 1019.

[180] Moran P A P. Notes on continuous stochastic phenomena [J]. Biometrika, 1950, 37 (1/2): 17 – 23.

[181] Murdoch J C, Rahmatian M, Thayer M A. A spatially autoregressive median voter model of recreation expenditures [J]. Public finance review, 1993, 21 (3): 334 – 350.

[182] Murdoch J C, Sandler T, Hansen L. An econometric technique for comparing median voter and oligarchy choice models of collective action: the case of the NATO alliance [J]. The review of economics and statistics, 1991, 73 (4): 624 – 631.

[183] Musgrave R A, Musgrave P B. Public finance in theory and practice [M]. Singapour, McGraw – Hil, 1976.

[184] Musgrave R A. The theory of public finance [M]. New York: McGraw – Hill, 1959.

[185] Nass C, Garfinkle D. Localized autocorrelation diagnostic statistic (LADS) for spatial models: conceptualization, utilization, and computation [J]. Regional science and urban economics, 1992, 22 (3): 333 – 346.

[186] Niskanen W A. Bureaucracy and representative government [M]. Transaction Publishers, 1971.

[187] Oakland W H. Congestion, public goods and welfare [J]. Journal of

public economics, 1972, 1 (3): 339 – 357.

[188] Oates W E. An essay on fiscal federalism [J]. Journal of economic literature, 1999, 37 (3): 1120 – 1149.

[189] Oates W E. A reconsideration of environmental federalism [M]. Washington, DC: Resources for the Future, 2001.

[190] Ogawa H. Tax competition, spillovers, and subsidies [J]. The annals of regional science, 2006, 40 (4): 849 – 858.

[191] Ogawa H, Wildasin D E. Think locally, act locally: Spillovers, spillbacks, and efficient decentralized policymaking [J]. The American economic review, 2009, 99 (4): 1206 – 1217.

[192] Olson M. The principle of "fiscal equivalence": the division of responsibilities among different levels of government [J]. The American economic review, 1969, 59 (2): 479 – 487.

[193] Ostrom E. Governing the commons: The evolution of institutions for collective action [M]. Cambridge University Press, 1990.

[194] Pauly M V. Optimality, "public" goods, and local governments: a general theoretical analysis [J]. Journal of political economy, 1970, 78 (3): 572 – 585.

[195] Pereira A M, Roca – Sagalés O. Spillover effects of public capital formation: evidence from the Spanish regions [J]. Journal of urban economics, 2003, 53 (2): 238 – 256.

[196] Pigou A C. The economics of welfare [M]. Macmillan, London, 1920.

[197] Pitlik H, Schmid G, Strotmann H. Bargaining power of smaller states in Germany's Länderfinanzausgleich 1979 – 1990 [J]. Public choice, 2001, 109 (1 – 2): 183 – 201.

[198] Pommerehne W W, Krebs S. Fiscal interactions of central city and suburbs: The case of Zurich [J]. Urban studies, 1991, 28 (5): 783 – 801.

[199] Porter M E. The competitive advantage of nations [J]. Harvard business review, 1990, 68 (2): 73 – 93.

[200] Qi Y, Ma L, Zhang H, et al. Translating a global issue into local priority China's local government response to climate change [J]. Journal of environment & development, 2008, 17 (4): 379 – 400.

[201] Qian Y, Roland G. Federalism and the soft budget constraint [J]. The American economic review, 1998, 88 (5): 1143 – 1162.

[202] Qian Y, Xu C. Why China's economic reforms differ: the M – form hierarchy and entry/expansion of the non-state sector [J]. The economics of transition, 1993, 1 (2): 135 – 170.

[203] Ray D, Vohra R. Coalitional power and public goods [J]. Journal of political economy, 2001, 109 (6): 1355 – 1385.

[204] Ring I. Ecological public functions and fiscal equalisation at the local level in Germany [J]. Ecological economics, 2002, 42 (3): 415 – 427.

[205] Ring I. Integrating local ecological services into intergovernmental fiscal transfers: the case of the ecological ICMS in Brazil [J]. Land use policy, 2008, 25 (4): 485 – 497.

[206] Romer P M. Endogenous technological change [J]. Journal of political economy, 1990, 98 (5): 71 – 102.

[207] Romer P M. Increasing returns and long-run growth [J]. Journal of political economy, 1986, 94 (5): 1002 – 1037.

[208] Samuelson P A. Diagrammatic exposition of a theory of public expenditure [J]. The review of economics and statistics, 1955, 37 (4): 350 – 356.

[209] Samuelson P A. The pure theory of public expenditure [J]. The review of economics and statistics, 1954, 36 (4): 387 – 389.

[210] Sandler T, Cauley J. The design of supranational structures: An economic perspective [J]. International studies quarterly, 1977, 21 (2): 251 – 276.

[211] Schaltegger C A, Zemp S. Spatial spillovers in metropolitan areas: Evidence from swiss communes [J]. Management and the Arts (CREMA) working paper, No. 2003 – 06. 2003.

[212] Scitovsky T. Two concepts of external economies [J]. Journal of politi-

cal economy, 1954, 62 (2): 143 – 151.

[213] Shah A, Mundial B. The reform of intergovernmental fiscal relations in developing and emerging market economies [M]. Washington, DC: World Bank, 1994.

[214] Sigman H. International spillovers and water quality in rivers: Do countries free ride? [J]. The American economic review, 2002, 92 (4): 1152 – 1159.

[215] Silva E C D, Caplan A J. Transboundary pollution control in federal systems [J]. Journal of environmental economics and management, 1997, 34 (2): 173 – 186.

[216] Slack E. Fiscal aspects of alternative methods of governing large metro-politan area [M]. In Perspectives on fiscal federalism, 2006: 101 – 122.

[217] Solé – Ollé A. Expenditure spillovers and fiscal interactions: empirical evidence from local governments in Spain [J]. Journal of urban economics, 2006, 59 (1): 32 – 53.

[218] Stigler G J. The tenable range of functions of local government [J]. International library of critical writings in economics, 1998, 88: 3 – 9.

[219] Tiebout C M. A pure theory of local expenditures [J]. Journal of political economy, 1956, 64 (5): 416 – 424.

[220] Tsui K, Wang Y. Between separate stoves and a single menu: fiscal decentralization in China [J]. The China quarterly, 2004, 177: 71 – 90.

[221] Tullock G. The politics of bureaucracy [M]. Public Affairs Press, 1965.

[222] Varian H R. Sequential contributions to public goods [J]. Journal of public economics, 1994a, 53 (2): 165 – 186.

[223] Varian H R. A solution to the problem of externalities when agents are well-informed [J]. The American economic review, 1994b, 84 (5): 1278 – 1293.

[224] Warr P G. Pareto optimal redistribution and private charity [J]. Journal of public economics, 1982, 19 (1): 131 – 138.

［225］ Weisbrod B A. Collective-consumption services of individual-consumption goods ［J］. The quarterly journal of economics, 1964, 78 (3): 471 –477.

［226］ Weisbrod B A. External benefits of public education: An economic analysis ［M］. Industrial Relations Section, Department of Economics, Princeton University, 1964.

［227］ Weisbrod B A. Geographic spillover effects and the allocation of resources to education ［M］. The public economy of urban communities. Resources for the Future, Washington DC, 1965.

［228］ Wildasin D E. Externalities and bailouts: hard and soft budget constraints in intergovernmental fiscal relations ［M］. World Bank Publications, 1997.

［229］ Williams A. The optimal provision of public goods in a system of local government ［J］. Journal of political economy, 1966, 74 (1): 18 –33.

［230］ Yang D L. Rationalizing the Chinese state: The political economy of government reform, in Zheng Y. De facto federalism in China: Reforms and dynamics of central-local relations ［M］. World Scientific Publishing Company Incorporated, 2007.

［231］ Zhuravskaya E V. Incentives to provide local public goods: fiscal federalism, Russian style ［J］. Journal of public economics, 2000, 76 (3): 337 –368.